儿童诗作家圣野

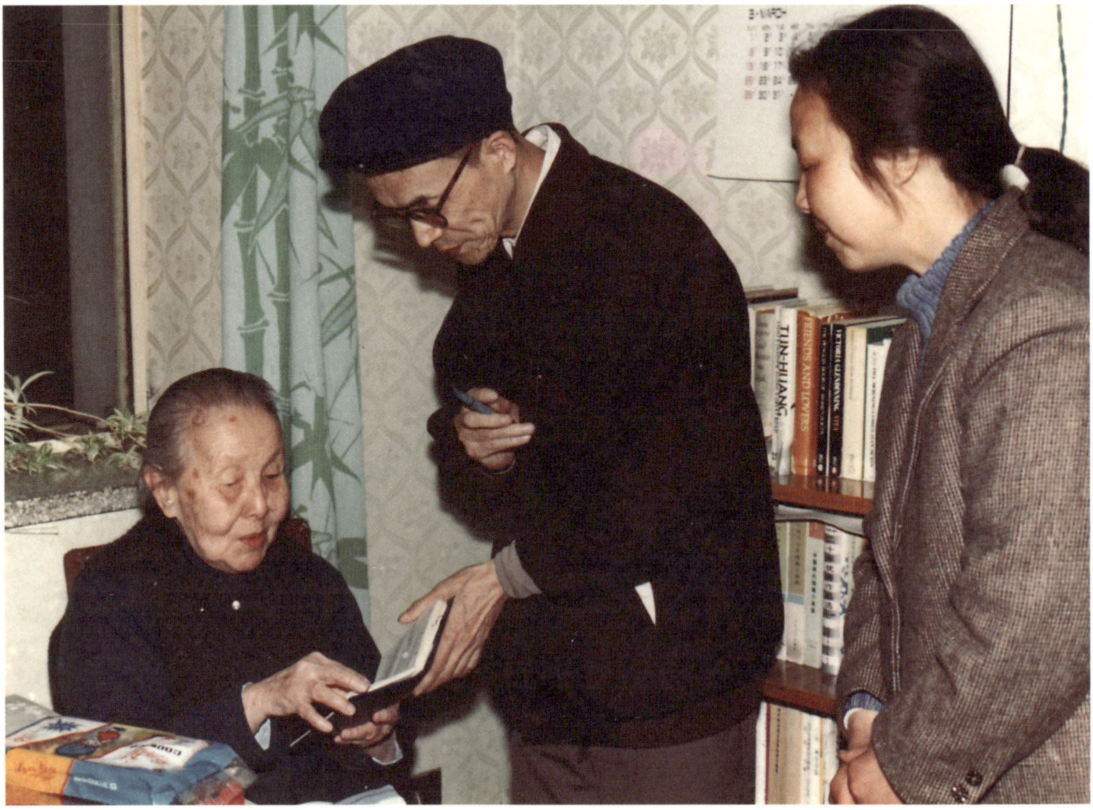

圣野先生代表《小朋友》杂志社拜访儿童文学前辈冰心女士

陈伯吹先生和圣野（右）共同出席儿童文学创作座谈会

与任溶溶、孙毅同获《少年文艺》杰出贡献奖

圣野先生与老伴方彩香

圣野先生夫妇和他们的五个子女

圣野诗选
竹林奇
鸡冠花
太阳底下
金龟子想妈妈
诗的散
百年百部中国儿童文学经典书系
欢迎小雨点

啄木鳥
聖野
旗社詩叢

歡迎小雨點
聖野著
少年兒童出版社

The Story of Lingling

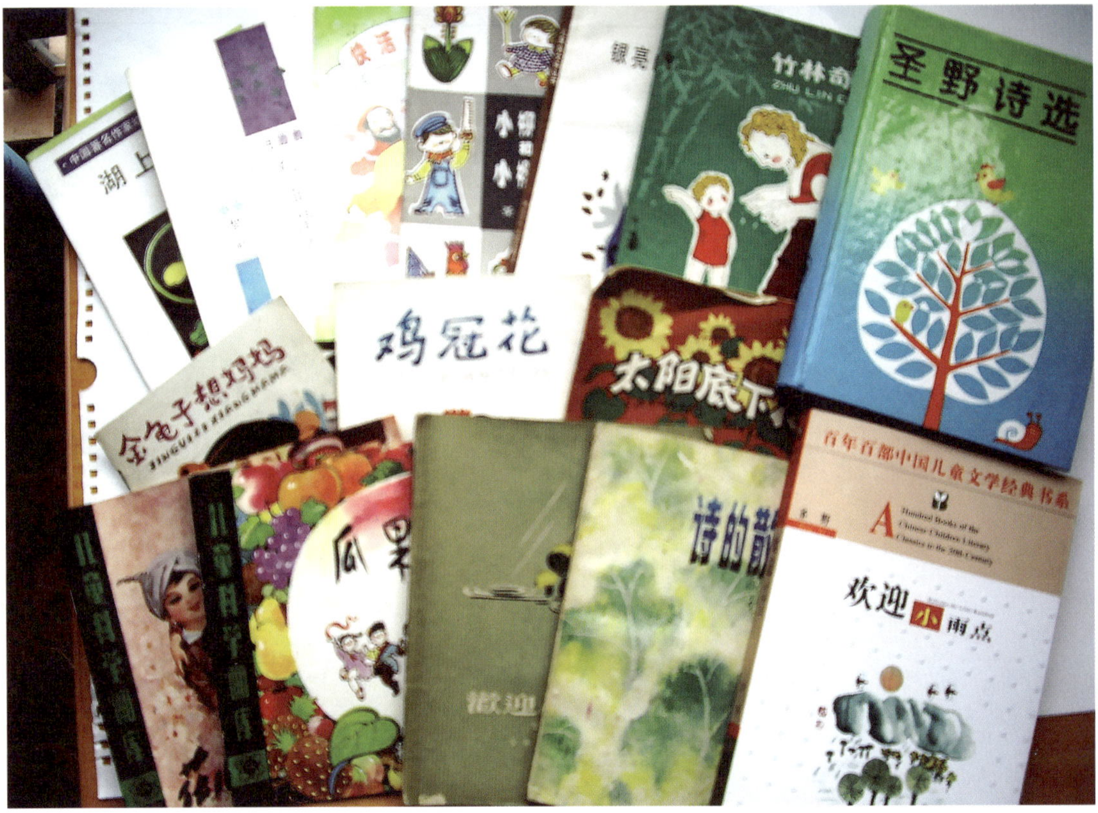

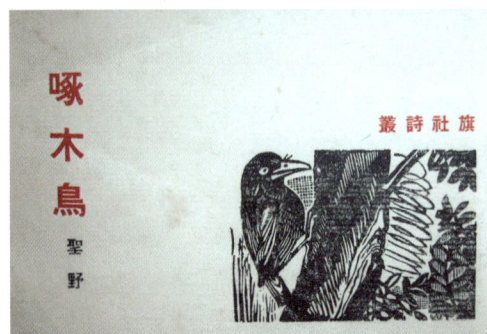

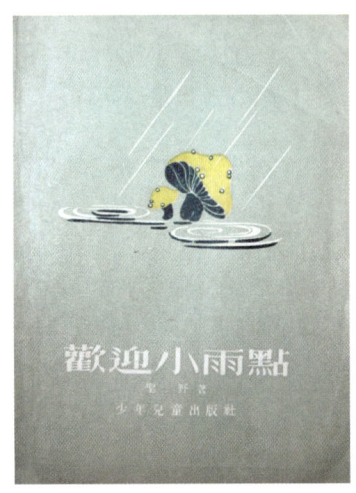

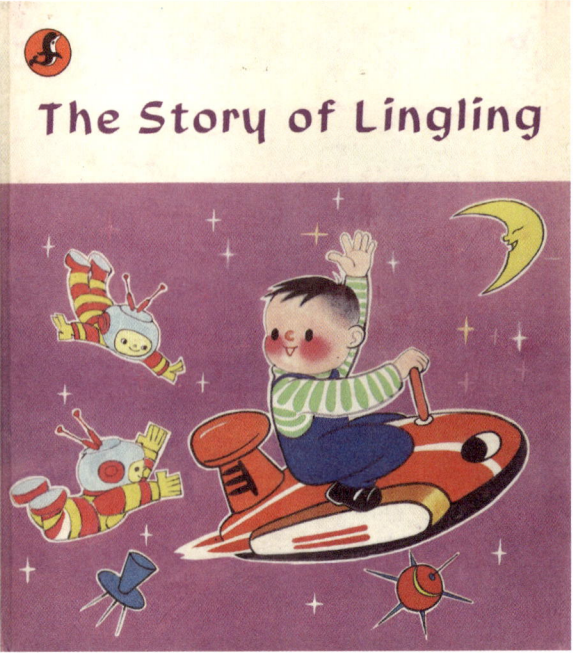

圣野先生作品

童心浪漫耀诗坛

圣野

上海文化发展基金会资助项目

海上谈艺录

王亨良 周晓波 著
上海市文学艺术界联合会 编

上海世纪出版集团
上海文化出版社

目　录

艺术评传

　　第一章　书声灯影忆童年 …………………………………………… 003
　　第二章　烽火岁月诗情深 …………………………………………… 016
　　第三章　西子湖畔编童报 …………………………………………… 026
　　第四章　黑暗世界诗呐喊 …………………………………………… 037
　　第五章　灯笼雨点蔚新风 …………………………………………… 048
　　第六章　军旅生涯壮歌起 …………………………………………… 061
　　第七章　改天换地新童诗 …………………………………………… 071
　　第八章　劫后余生创辉煌 …………………………………………… 084
　　第九章　童心不泯到永远 …………………………………………… 100

艺术访谈

　　我将永远为美丽的"中国梦"幸福地歌唱 ………………………… 119

附　录

　　从艺大事记 …………………………………………………………… 139
　　后　记 ………………………………………………………………… 152

艺术评传

童年的歌声是美丽的,是这些充满温馨、充满同情心的歌,孕育着一颗纯真的爱心。它是引导我走向人生,走向诗的一个美丽的起点。

——圣 野

第一章

书声灯影忆童年

> 黎明即起诵古诗，
> 灯下爱读圣贤书。
> 兄弟比肩读书勤，
> 书声灯影忆童年。
>
> ——圣 野

著名的儿童诗作家、少年儿童出版社《小朋友》杂志原主编圣野先生，1922年2月16日出生于浙江省东阳县的李宅镇，那是一个有五百户人家的大镇，大部分人家都姓李。他家姓周，属于那里少数的几家外来客户。家里主要是靠开小商店和种田为生。父亲做生意非常厚道，以老小无欺闻名于附近邻里。租佃人家几亩地里，一半种的是稻米，另一半则是杂粮。因为要在李宅镇立足，所以逢年过节，总要把镇上一些有名望的人请来，设宴招待他们。

圣野的父亲周正我

圣野的母亲一共生了八个孩子,全是男孩。养大了六个,夭折了两个。父亲为了取名字方便,把正月里祭太公时用面捏的八种走兽,作为他们兄弟的名字。圣野是第六个孩子,"鹿"与"六",东阳话念起来同音,就把他叫"大鹿"。母亲喜欢他,叫他回家吃饭时,总叫他"小鹿鹿"。五哥,奶名叫周大象。因他小的时候,过早地断奶,妈妈怕他养不大,让他认槐树婆婆做娘,所以又取了个学名叫周槐庭。小时侯,圣野直呼其名,等进了学校,才叫他阿哥。

大哥、二哥、三哥、四哥,都只念了几年书,等会记工夫账,就去学种田做生意。等到生下槐庭哥和他,家里除了勉强维持温饱外,已略有结余。父亲就下决心要让他们两个小的多读书,来光宗耀祖。

等到圣野实足六岁,槐庭哥九岁,父亲把他们兄弟俩同时送到一家私塾里去念书,上学时,曾吃过红红的方米糕,拜过孔夫子。最早念的是《三字经》《千字文》,好像也念过从前的国文课本"人、手、足、刀、尺"之类。因为他们记得快,背得快,从未挨过私塾先生的戒尺。

学了一两个月,警察来向私塾老师兴师问罪,说是要取缔。已经有了小学,不允许再办私塾。私塾先生带他们东逃西躲,逃了几次,警察还是来捉,父亲怕麻烦,才死了心,把他们俩送到李宅中心小学去读书。

进了小学,圣野学唱的第一首歌,就是登在《小朋友》创刊号上的,由陆费逵作词的《小朋友》。歌词是这样的:

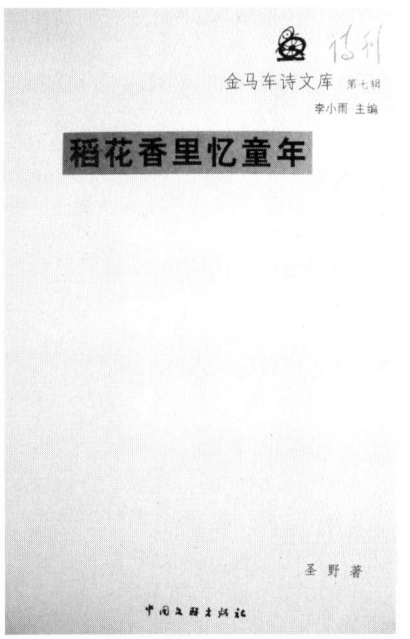

2004年由中国文联出版社出版的圣野回忆童年生活的童诗集《稻花香里忆童年》

小朋友，我的小朋友！
我们都是好朋友。
哥哥弟弟一齐来，
大家挽着，大家挽着，大家挽着手，
一步一步向前走，
求学不要落人后。

小朋友，我的小朋友，
我们都是好朋友。
姐姐妹妹一齐来，
大家挽着，大家挽着，大家挽着手，
一步一步向前走，
求学不要落人后。

这一首柔情婉转、充满小同学之间的友好情谊的歌，唱熟了，后来就成为圣野他们的放学歌。他们是排着整整齐齐的队伍，一个紧跟一个，一步一步向前走，离开自己的学校的。在半路上分手时，大家相互扬扬手，对这一天中非常短暂的分别，似乎也有依依惜别的感情。

过了些日子，老师又教他们唱了一首也是刊登在《小朋友》上的黎锦晖先生创作的《可怜的秋香》，不知道为什么，每当圣野唱到"金姐，有爸爸爱；银姐，有妈妈爱；她呀，每天只在草场上，牧羊，牧羊……"这段凄婉动人的歌词时，他的鼻子里，总是有点酸酸的，他的眼眶里，总是有点湿湿的，好像一个没爹没妈，从小得不到人间温暖的孤苦伶仃的小秋香，已经活生生地出现在他和同学们的眼前。

圣野再睁大眼睛，看一看自己的周围，不也生活着一些到了入学年龄，依然上不了学的孩子吗？像跟他同年龄的伙伴福新的姐姐，每天除了要抱弟弟、哄弟弟之外，还得"蓬得，蓬得"地跟着妈妈一起织草鞋，有时忙得织到夜深还不停。隔壁邻居茂中的哥哥，一早不是背着书包上学，而是背起一只小粪筐，手拿一只小粪叉，到处拾牛粪。这些被贫困的生活拒绝在学校门外的小伙伴，不就是他眼面前的值得同情的"秋香"吗？

当圣野有了一些心爱的小画片时，为了带给从小失学的小伙伴些许心灵的安慰，他首先想赠送的对象就是这些怪可怜的小朋友。童年的歌声是美丽的，是这些充满温馨、充满同情心的歌，孕育了圣野一颗纯真的爱心，引导着圣野走向人生，走向诗的一个美丽的起点。

在小学学习时，槐庭哥的接受能力特别强，常常跳级读书。等圣野按部就班地读完初小四年级，槐庭哥已读完高小，而且成绩优异。在他念高小时，作文写得特别的长。有一次，他们的班主任王老师，给他出了个作文题，题目只有一个字——"我"。槐庭哥竟然一口气把厚厚一本作文簿全写光了，读起来有点像自传体小说的味道。圣野对槐庭哥这种滔滔不绝的文思，简直佩服得五体投地。

圣野父亲的店堂里，经常有些考过秀才的老爷爷坐下来喝茶聊天，一谈起过去乡试的情况，就有些眉飞色舞。圣野的父亲自己虽没有读过几年书，但很相信古文古诗，四书五经，认为这才是真正的"学问"。他一直以为用白话写的东西，算不了真学问。所以小学里一放寒暑假，父亲为了让他们兄弟俩增加一点"秀气"，就把他们送到由私塾先生办的补习班里去读一点古书，如《六言杂字》《千字文》《幼学琼林》之类的。他们即使不懂得意思，只要念起来铿锵悦耳，摇头摆脑，回家让父亲听听，他也会觉得挺高兴的。

在圣野初小读书阶段，家里发生了一件不幸的事：到上海学织绸的二哥周大麟，因为同寝室的工人生了霍乱，他不顾生命危险，细心地在一旁服侍汤药，结果自己也得了病，竟病死在回家的路上。母亲看见二哥的遗体，哭得几乎昏死过去。因为这是个最孝顺父母的孩子。他在家的时候，为了不让妈妈太辛苦，总是先起来做好早餐，才扛着柴刀上山砍柴的。这样一个有孝心的人，到上海做工，也特别讲义气。本来这种给病人端尿倒屎的事，谁见了都有些害怕。而他二哥却一点也没有想到自己也会被传染，只是想到要照顾好那个害病的工人兄弟。他的崇高的形象，让圣野幼小的心灵受到了强烈的感染。二哥的死，他的妈妈是哭过半辈子的。

到圣野九岁那年，父亲下决心把家搬回祖籍大田头镇，以免在李宅因为是外姓而受到歧视。搬了家后，圣野在东阳的紫溪小学读完了高小。紫溪是我国革命的先行者、新闻战线上的杰出战士邵飘萍烈士的诞生地。1986年春天，东阳县人民政府为纪念邵飘萍烈士诞生一百周年，将紫溪小学命名为飘萍小学，这是圣野母校的光荣。

当时圣野家隔壁住着一位老爷爷，是一位作家，爬了一辈子格子，爬不动了，就坐在床上直喘气。圣野轻声地走过去，想帮一下爷爷的忙。老爷爷说："桌子上放着一大堆稿纸，我说一句，你写一句，帮我'爬'在格子上，好不好？"

圣野高兴地点点头，那时圣野刚读完小学二年级，写的字有大有小，有的字比一个铜板还要大，就爬到格子外面去了。老爷爷笑着安慰圣野："等你学会了爬格子，写的字大小一样，能规规矩矩地爬在每个格子里，也许你就是一个作家了。"

当时老爷爷并没有告诉他，自己的每一个字，不只是用手写，主要是用心写出来的。现在圣野自己成了一位著名儿童诗作家，这才体会到当年老爷爷爬过的每一

圣野就读的紫溪小学现更名为飘萍小学

个格子，写下的每一个字里，都有他的笑声和泪水……遗憾的是，当年的圣野实在太小了，他连老爷爷叫什么名字都没记住。

由初小到高小，圣野的成绩都很好，在班里总是第一名。但一回到家里，他好像矮了半截。因为父亲总是更多地夸槐庭哥如何如何懂事，如何如何聪明，而很少提到圣野。特别是讲到他们兄弟俩是同年同月上学的，而哥哥在他面前，似乎有一种天然的优越感。父亲讲得越多，圣野的胆子就越小，在客人面前，他就越是怕讲话，越是抬不起头来。

李宅小学曾经举行气氛热烈的演讲比赛。聪明伶俐的槐庭哥，跟着国语老师学演讲，发音很纯正，加上他有惊人的记忆力，他把一篇事先背熟的演讲稿，讲得滚瓜烂熟，从容不迫，一举夺得了高小组第一名。回家吃饭的时候，这个大喜讯乐得圣野的父亲多吃了半碗饭，还当着许多小南货店常客的面，大夸槐庭哥有出息。还说，如果恢复了科举，他考上秀才，是绝对没有问题的。

父亲的这一夸，无形中对圣野形成了一股巨大的压力。为了证明自己也并不胆小，圣野就故意给自己壮胆，在李宅小学的全校大会初小组自由演讲比赛上，他第一个冲上台去演讲，用响亮的声音一口气讲完了一个早已准备好的民间故事《最容易忘记的人》。当他讲完这个故事后，会场里响起了一阵热烈的掌声。

虽然话讲得不及槐庭哥流利，但这种敢于上台作大胆冲刺的勇气，也着实给他自己壮了胆。他终于从一个"胆小鬼"变成了"真大胆"。当然这种冲刺，也是对父兄辈总是偏向槐庭哥，而忽视自己的这种不太服气的逆反心理在起作用。后来，当槐庭哥的作文受到的表扬日渐多起来的时候，圣野也不甘示弱，写过一篇相当长的关于天狗吃月亮的故事，几乎写掉了大半本作文簿。

紫溪小学的老校长姓邵，因他在邵氏家族里属于永字辈，大家都叫永先生。他考过秀才，传说他在乡试时，因为把"马"字写草了，把下面的四点写成了一横，主考官问他为什么，因为照规矩在考卷上是不允许写草字的。永先生敏捷地回答："马跑不见蹄。"主考官一听，觉得他文思还敏捷，于是给了他半个秀才。大家在背后都喊他"半秀才"。

在圣野开始读高小以后，永先生为满足家长们的要求，就穿插教他们读一点《古文观止》《左传》和《论说文范》《中国历史简编》《东莱博议》之类的书。他教书用串讲法，讲得不怎么详细。圣野听得一知半解，似乎有点懂了，也就满足了。圣野很喜欢陶渊明《五柳先生传》里的那句话："好读书不求甚解。"

小学阶段，圣野的记忆力特别的强，好多书，只要晚上读几遍，早上起来读几遍，就能一口气背下来。每天永先生一来，大家就自动跑到高高的讲台上，把熟读过的书，背给永先生听。永先生只要听上一段，就放心地叫圣野下去。高小毕业以后，他继续留校学古文古诗。他曾把《孟子》全书背给永先生听，永先生在《孟子》中随便拣出一句，提示一下，圣野就能很快接着背下去。读高小时，甚至历史、地理课本他也能背。

补习《古文观止》时，圣野特别喜欢读那些感情浓郁的文章。如韩愈的《祭十二郎文》《柳子厚墓志铭》、柳宗元的《捕蛇者说》、欧阳修的《秋声赋》《陇岗阡表》等等。当他读着那些感人的天地间之至文时，常常被感动得流下泪来。不久，槐庭哥以公费考进了金华中学（那时叫浙江七中）初中部，他介绍了一本包天笑译的《馨儿就学记》给圣野看。这是用文言文改写的意大利著名作家亚米契斯的《爱的教育》的简写本。圣野常常一边读，一边为故事中的老师、父亲、母亲和孩子而深深感动。在他的心灵深处，渐渐埋下了爱的种子。后来在槐庭哥的指导下，他阅读了夏丏尊先生译的《爱的教育》和冰心的《寄小读者》，更是爱不释手。一股脉脉的爱的温情，像一股鲜活的泉水一样，在他的胸间奔涌着，奔涌着……

有一年，圣野用文言文写了一篇悼念在疫病中突然死去的二哥的文章，语文老师看了，大为赞赏，在他的作文题上，连圈了四个圈，并在结尾处批上了这样几句话："缠绵悱恻，哀感动人，二哥不死矣！"他在老师的批语中，第一次体味到了，只有写出真感情的文章，才是好文章。

小的时候，他和槐庭哥俩除了每天上学读书以外，亦参加了一些田间的简单劳动，如采棉花、摘丝瓜、摘缸豆等。干完这些小农活，回来摘摘草莓，捉捉蚱蜢、蟋蟀、知了、荧火虫……经常带点会蹦会跳会唱歌的小动物回来，却也充满着乐趣。田里有一种蟋蟀草，用这草尖的毛毛去逗瓦盆里的蟋蟀，蟋蟀便会发出交锋之前的战叫。圣野特别喜欢下雨天，因为一下过雨，门前的小沟沟和野外的小田沟里便涨满了水，就会有小鱼、小泥鳅游上来。这可是他最快活的时候，能够捉到几条活蹦乱跳的小鱼，比什么滋味都要好。而每次采棉花回来时，他都要弯到蔬菜地里去看看，顺便采几朵带露水的丝瓜花回来，因为，这可是纺织娘最最爱吃的美餐了。

到农家秋收的季节，圣野家的堂屋里、天井里，亦堆满了稻草和玉米棒子。他和几个哥哥，常常一边唱着童谣，一边在柴禾堆上做起有趣的游戏来，什么"初三初四眉毛月"，什么"十五十六月团圆""十七八，像只鸭"……每唱完一句，就在稻草堆上有节奏地一齐倒下去，好像下水饺一样……这是他最早会唱的童年的诗。

剥玉米棒的夜晚，家里围着一只大扁箩，有时邻居们亦来帮忙，静听大哥哥津津有味地讲《聊斋》里的狐鬼故事，说到紧张的时候，连到厕所里小便，圣野都有点儿害怕。可是，圣野心里又是多么喜欢听这些夜夜讲不完的那么富有人情味的狐鬼故事啊！

农家的生活紧张而繁忙，可一年四季，倒也充满着欢乐。农历正月里，家乡就有不少会拉会唱的农民，自动组织了唱戏班，到一家一家的店铺里弹弹唱唱，唱完了，主人便会送给他们一个红包。自己村里唱过了，还唱到村外去、县外去。有时要唱上一两个月，农忙时才回来。

最热闹的莫过于元宵节。村村户户都兴迎龙灯。有的村里，还组织了龙舞、狮舞、盾牌舞。李宅镇中心有个月塘，月半要放荷花灯，只见水上水下都是灯，可好看啦！别看乡村穷，那可真是一个民间艺术的大宝库。

端午节前，大姑姑大姐姐们都到店里来买花线，绣香包，有绣成绿色的小粽子的，有把桂圆壳绣成圆圆的小彩球的。里面都装满了香料，那可是送给小弟弟小妹妹的一份珍贵的礼物。也有的把绣了红绿丝线的花生，送给将出嫁的大姐姐，那是祝福大姐姐早生胖娃娃的。

一针针，一线线，都寄寓着绣花人深深的情和爱。圣野差不多每年都能得到几件妈妈转送给他的小礼品，他把它们贴在胸口秘不示人，把爱深深地藏在心中。

中秋节和大年夜，是亲人们团圆的节日。圣野家兄弟多，哪个兄弟外出没有回来，母亲总给他盛一碗菜留着，切一份月饼放着。二哥早早离他们而去，母亲从没有忘记，亦给他留一份。有时在饭碗肉碗上插上几炷香，好像二哥泉下有知，亦能跟随袅袅的烟来享受一家人带给他的情爱和温暖。

槐庭哥从中学里曾经带回一本《古今圣哲嘉言钞》，圣野把古圣哲的一些语录，当作处世接物的行为规范，每天抄一两则在自己的日记本上来勉励自己。

在紫溪小学，他是住读生。每周回一次家，把炭米油盐菜挑回学校。那时条件艰苦，菜钵子里以带霉干菜为主。母亲疼他，在那一钵子要吃上一星期的喷喷香的霉干菜底下，总是要悄悄地放上几块腊肉或鲜肉。放肉的时候，妈妈之所以不让爸爸看见，因为爸爸总是说："吃得苦中苦，方为人上人。"他怕圣野嘴巴吃得油腻腻，会背不出《孟子》《论语》《古文观止》，长不成一个会写漂亮文章的秀才。铜罐饭烧好了，再把一小碟子霉干菜放在铜罐里热一热，热的时候，圣野总要放上一块油漉漉的肉，但到吃饭的时候，圣野总是舍不得吃掉那块肉。总要等到了星期六，要回家看妈妈了，换新炒的霉干菜了，他才舍得吃掉那块肉。可是这时候的肉，跟霉干菜一样已经发霉了，长出了星星点点的像铜绿一样的绿颜色……

可以这么说，东阳的霉干菜是圣野一辈子忘不了的家乡菜。十多年前他应邀回童年时代的母校飘萍小学，参观新近落成的飘萍烈士纪念馆，大联镇的镇政府工作人员请他吃饭的餐桌上，就放着一盘脆松松的、配上一点猪油渣的东阳霉干菜。镇政府的同志亲切地告诉他，上次严济慈老先生回到东阳来，参加母校东阳中学建校八十周年的庆典，最感兴趣的，也是那一道曾经陪伴着他度过苦难童年的东阳霉干菜。台湾的报业巨子王惕吾先生，每次想起东阳来，最眷恋的，也是那一道东阳霉干菜。他们这两位在全世界都具有影响的人物，在书声灯影，刻苦攻读的青少年时期，可都是吃着东阳的霉干菜长大的呀！那位同志还告诉圣野，因为严济慈和王惕吾这些闻名遐迩的大专家、大博士，以及东阳籍的众多教授、博士，都是吃了东阳的霉干菜而苦学成才的，因此，东阳的霉干菜身价倍增，当地人还给它起了一个好听的名字——"博士菜"。

上初小时，每当星期六回家，槐庭哥吹笛子，请邻居的怀香大叔来拉胡琴，圣野唱歌。这样的家庭演唱会常常开。父亲最爱听昆曲，槐庭哥就多吹昆曲给父亲听，他跟着笛声，很快也学会了唱，给平时缺少文化娱乐的乡村的夏夜，带来一份小小的欢乐。每次回校向父母亲告别的时候，他和槐庭哥总是到双亲跟前深深地一鞠躬，从小懂得一点礼貌，算是给终年为他们操劳的父母的一点小小的安慰。

有时从学校放学回家来，圣野爱坐在光线比较充足的店堂里看书，要是爸爸哥哥不在家，顾客一上门来买东西，往往连叫好几声，他还是听不见。因此村镇里的人，有时说他读书好，有时笑他是个书呆子。农忙的时候，他捧着一本书，搬一条小矮凳去看场，往往连鸡跑过来吃了好多谷子，他还不知道呢，他可真是让书给迷住了。有一段时间他热衷于读带眉批腰批的董解元的《西厢记》，父亲曾玩笑地说：

"那个普救寺里的红娘,说不定有一天真要到村坊里来找你哩!"

但安定的学校生活维持了没几年,"七·七"事变爆发了。当时圣野还在东阳防军镇的日新小学里读小学补习班。小学里有个教过他数学的包焕达老师,怀着高涨的热情,带圣野和同学们到他的家乡沙城头村,搞过一次捐献飞机大炮的抗日宣传募捐活动。这一次活动给每个参加的同学上了非常生动的爱国主义的一课。

记得在出发以前,圣野他们作了充分的准备。每个同学的手上,都擎着一面"打倒日本帝国主义"的彩旗。到了沙城头村的一个小广场,当圣野他们热血沸腾地唱完了《牺牲已到最后关头》等抗日救亡歌曲,演好了事前排好的《赶走日本强盗》的活报剧以后,有生以来最最感人的一幕,就在圣野的眼前展开了:

为了抵抗日本侵略军的狂轰滥炸,制造我们自己的飞机大炮,有的村民当场捐出一把把铜元和银元,有的献出了沉重的废铜烂铁,有的送来了家里的谷米豆麦,有的抱来了饲养的家鸡和家鸭。更使圣野感动的是,有一位老婆婆,不仅送来了积攒好久的满篮的鸡蛋,还把老母鸡才生下的一只鲜鸡蛋也送了过来。这是何等动人的情景啊!

一个下午的募捐活动,圣野他们满载而归。当天晚上,他们就把募捐到的物资,悉数送到防军镇的镇公所,请他们速即转送给县里、省里的前线抗敌后援会……

这是圣野生平第一次看到,不愿做奴隶的中国人,是一个同仇敌忾的不可征服的民族。这天晚上,圣野做了一个很甜的梦,梦见他们募捐的爱国救亡物资,已经变成了飞机大炮,变成了一颗颗愤怒的子弹,向越来越疯狂的日本侵略者发射了过去……

一个毕生难忘的童年,在书声灯影里和热血沸腾的岁月里匆匆地过去了。圣野没有想到,长大以后,自己会成为一个全国著名的儿童诗作家。但仔细一想,感情深处那些很想倾吐的东西,小的时候不都已打下深深的烙印了吗?随着年代的逝去,小时候背过的那些"一知半解"的东西,一些刻骨铭心的精神上的感奋会忽然跳将出来,豁然如有所悟或重新燃烧起激越的情感,这不是十分珍贵的吗?

当然要说从童年到少年,影响圣野走上诗歌创作道路的还是自家的槐庭哥。1940年前后,槐庭哥在浙江金华中学学生会当学术部长,从金华中学借了很多与诗有关的书给圣野看。给他印象最深的,是五四时期的一本诗集《雪朝》,还有冰心的诗集《春水》《繁星》和《寄小读者》。1942年春天,圣野在一天内写出了19首诗,寄给槐庭哥看。槐庭哥十分惊喜,立即鼓励他:"这辈子,你就写诗吧!"槐庭哥的这一回信,真的起到了让他从此心无旁骛,立志终生从事诗歌创作、编辑出版与诗教的巨大作用。

槐庭哥在当时就已经是个一心向往进步的学生诗人,他在念小学时就有一颗爱国的心，经常和同学们一齐唱《打倒列强》和黎锦晖的《葡萄仙子》《可怜的秋香》等歌曲，这些歌曲使他强烈憎恨帝国主义列强对中国的侵略行径，对弱小者和穷苦人家的孩子产生怜爱之心。他聪慧好学，接受能力特别强，念高小时他的作文就很出色了。由于他读书勤奋，所以连跳了几级，成为学校里勤奋好学的榜样。

槐庭哥在上初中部的时候，阅读了从解放区运来的大量的进步书籍，如艾思奇的通俗著作《大众哲学》等。他的同学刘厚基、唐棪对这本书非常熟悉，运用自如，在多次辩论会上，槐庭哥都输给他俩，后来他俩突然失踪奔向了新四军，这件事给槐庭哥的触动很大。

槐庭哥就读的金华中学高中部所在的蒲塘村（属现金东区澧浦镇）有个民智书局，书店里有大量反映抗战的书籍，如《平型关大捷——八路军出马打胜仗》《西线风云》等，有关毛泽东、朱德的传记文学作品也不难找到。槐庭哥课余时间经常光顾这家书店，寻找进步书刊阅读，这对他确立人生目标起到了积极的引导作用。那时，槐庭哥非常要好的朋友方樊龄参加话剧《放下你的鞭子》的表演，他看了十分感动，在每次晚会上，他和同学们都要唱催人泪下的歌曲《我的家在松花江上》，心中激起了要奔赴前线、保家卫国的念头。

槐庭哥后来考上了国立中正大学（即现在的江西师范大学），是抗战时期创建于江西抗战后方泰和县杏岭的一所综合性大学。1942年6月25日，一支由38名年龄在18至22岁的学生组成的战地服务团，在国立中正大学历史系教授、战地服务团团长姚显微的带领下，向江西樟树抗日前线进发。

在这支战地服务团的大学生队伍里，有不少是浙江人。受进步思想影响、向往参与抗日的槐庭哥也积极报名，并成为了战地服务团中的一员。战地服务团所到之处，向群众广泛宣传抗战，为前线作战的将士们护理疗伤。由于战事紧张，没过多久，这支服务团在一次激烈的战斗中被冲散了。当时情况十分危急，师生们只能采取自救的办法保存实力，寻机突围。

7月5日，日军突然发动了一次进攻，在一片枪林弹雨中，服务团成员且战且退，最后只剩下姚显微团长和10名学生了，其中吴昌达、易新楣、吴兰英、槐庭哥4人均是浙江人。7月7日，服务团成员们在姚显微团长的带领下，退到江西新干县的石口村，住在村里农户家中。当天夜里，一股百余人的日军将村子包围，挨家挨户搜查，有一个鬼子持枪闯入服务团成员的住地，嚎叫着威逼他们出来。

在这万分危急的时刻，37岁的姚显微团长为了保护自己的学生，临危不惧，一个箭步冲上前去，将鬼子的枪口托向天空，赤手空拳与鬼子进行肉搏。22岁的湖州长兴人吴昌达紧随其后，将鬼子摔倒在地，他们两个人对着鬼子一阵猛打，庭哥和另外几位同学也一齐冲上去按住鬼子，用力将鬼子掐死。姚显微团长夺下鬼子的步枪，可却不会使用，情急之下，他大声叫道："谁会开枪，跟我来！"话音未落，随后赶来的日军用枪对着他俩一阵扫射，姚显微团长和吴昌达身中数弹，倒在了血泊中……

槐庭哥在黑夜里摸到一根扁担，他毫不畏惧，借着夜色和一群鬼子周旋，终于和其他几位同学一起突出了鬼子的包围……为了尽快脱离险境，槐庭哥一路猛跑，身后传来一阵阵枪声，等他意识到自己已经脱离危险时，忽然感觉大腿有点痛，原来敌人的一颗子弹早已穿过了他的大腿。槐庭哥从衣服上撕下一块布片扎紧伤口，拖着受伤的腿回到了学校。养好伤后，他又继续念书了。

石口突围惊心动魄，槐庭哥经常想起和战地服务团师生一起浴血奋战的情景，缅怀姚显微和吴昌达烈士毫不畏惧与鬼子搏斗的英雄气概。他在晚年出版了自己唯一的一部诗集《槐轩诗词》中，就有三首是怀念姚显微老师的。

1992年7月，槐庭哥写了一首《"七七"有怀显微吾师》："忍忆当时石口烟，长蛇惊起万家眠。苌弘有血凝成碧，照我余生五十年。"在这首诗里，他回忆起投身抗战的岁月，以为国捐躯的烈士精神激励自己，自强不息，永不停步。

槐庭哥还在1996年3月写了一首《欣闻显微师骨灰北迁显微亭竣事》，其中写道："早称天上石麒麟，壮值时艰不顾身。甘为金瓯蹈汤火，长留正气见嶙峋。鹃啼杏岭泉台寂，旗入洪都岁月新，半纪沧桑非梦也，亭前花树正擎春。"作为学生，槐庭哥听到老师的骨灰北迁显微亭为后人所瞻仰，心里感到无比的欣慰，敬仰之情跃然纸上。

时光荏苒，60年弹指一挥间，当年20多岁的学生，此时也已步入晚年。为了纪念61年前与鬼子进行殊死搏斗而牺牲的姚显微老师和吴昌达同学等烈士，中正大学校友要出一本《浩气壮山河——国立中正大学战地服务团纪实》的书，而槐庭哥就是当时的见证人之一。2003年5月中旬，校友、湖州人陈先生为出这本回忆录，四处寻找槐庭哥，他还求助杭州的一家报纸，发表了一篇《寻找60年前的浙江英雄》的文章。

湖州人陈先生的文章发表后不久，圣野获知此事，专门写了一封信托人转交报社记者。信中告诉他，周槐庭即是自己的亲哥哥，他生前曾多次和圣野谈起过石口战斗的经过。当年槐庭哥在石口突围后，曾给圣野写过一封很长的信，详细叙述了那一场惊心动魄的生死搏斗，令他毕生不能忘怀。

新中国成立后，槐庭哥长期从事教育工作，先是被安排到武义教书，后来到浙江师范学院中文系任教，曾担任过古典文学教研室主任，退休后他受邀义务担任金华老年大学诗词班的老师。如今，金华有不少老年诗词爱好者都曾是他的学生，他们一提起周槐庭老师，对他的人品和学识都充满了敬意。在长达五十多年的教育生涯中，庭哥默默耕耘、教书育人，从没有向外人提起过他参加抗战服务团的这段惊险经历,直到退休还只是一个普普通通的讲师。晚年庭哥生活拮据,一天,他向家人提出希望完成自己的一个愿望,即将他一辈子写的诗词出一本集子。后来在圣野和女儿晓波等人的帮助下,终于出版了《槐轩诗词》,了却了他的一个搁在心中多年的心愿。这本诗集中,留下了当年国立中正大学战地服务团抗日英烈的生动事迹,也留下了他曾经参加过抗战的珍贵史料。

遗憾的是,当校友陈先生2003年5月来寻找当年石口战斗的见证人周槐庭时,槐庭哥这位怀有报国之心、学识渊博的抗日英雄,已于2001年10月30日因病去世了……

圣野的父母亲与二哥的画像

圣野(后排右侧)与他的四个哥哥,摄于上世纪80年代

这是圣野老家的旧居,上世纪80年代圣野回乡时 在老屋门前的留影。老屋在旧村改造时被拆,补偿款两万元,圣野将自己所得一万元全部捐献给家乡大联小学。

2006年圣野重回母校飘萍小学

第二章

烽火岁月诗情深

> 国土沦丧雨血飞，
> 民族危亡在旦夕。
> 拔笔怒写心中恨，
> 笑看英雄乘诗归！
>
> ——圣　野

圣野的青少年和大学时代，是在抗日战争和解放战争的历史时期中度过的。在这抗击日本侵略者和推翻蒋家王朝、创建新中国的重要关头，他在文学界前辈鼓励下，与周围的一些进步文学青年一起，积极创办文学社团、出版刊物，用手中的笔、心中的诗，写下了一篇又一篇、一首又一首的诗文。这些诗文不仅表现出了他对日本侵略者和国民党反动统治的强烈仇恨和对祖国、对人民的爱，同时也展示出他在文学、特别诗歌创作上的艺术追求。1945年秋天圣野考入了官费的浙江大学师范学院英语系后，和鲁兵等组建的文学社团活动更加频繁，出版和参编了一些诗歌刊物。圣野创作的那些将鲜明的政治倾向与艺术上的浪漫激情相结合的诗歌、散文作品，在沪浙一带产生了不小的影响。

圣野上中学时，正是抗战最为艰难的时刻。面对当时国土沦丧、民不聊生的社会现实，他用年少的笔，勇敢地写下了《故乡》一文。《故乡》在严厉斥责了地痞流氓种种丑行的同时，又用诗一般的语言抒发了他对故乡的无限热爱之情。这篇散文思想性强，叙事、描写、议论、抒情结合得体，获得了当时在南方颇有影响的《战时中学生》杂志举办的中学生"故乡"征文比赛初中组的第一名，得到了当时著名的儿童文学作家吕漠野、叶迦予等评委的好评。主办单位赠送给他一本吕漠野先生的诗集《小燕子》，使他深受感动，并坚定了要走文学创作之路的信心。

但圣野真正和文学真正结下不解之缘，还要追溯到圣野高中的时候。那时在蒲塘有个民智书局，可以买到桂林出版的由胡危舟任社长，阳太阳、鸥外鸥主编的《诗创作》，可以直接读到艾青和田间等诗人的枪杆诗，这让他的眼睛为之一亮。当时高中部有个学生蒋寿五（是后来成为浙江师范大学校长、著名儿童文学理论家蒋风先生的堂兄），诗风很像艾青，圣野慕名前去拜访，读到了蒋寿五的自由体新诗，使他欣喜万分。

也就是在蒲塘金华中学读高中一年级时，圣野和诗友胡谱承凭着一股初生之犊不畏虎的热情，组织了一个诗社。听胡谱承说，有一个搞诗歌运动的诗人叫蒲风，颇有点名气，因"蒲风"和"蒲塘"正好同音，因此他们就把所办的诗社叫做"蒲风诗社"，编辑的油印诗刊也就叫《蒲风》。其实当时他们并没有读过一首蒲风先生写的诗，只是想借蒲风的诗名来扩大诗社的影响而已。由于觉得这是一个新开垦的诗园地，于是他便给自己取了个笔名叫"新野"。用了一段时间后，发现浙江的报刊上常有人用"新野"这个名字写文章，为了避免和别人"撞车"，便要想一个新名字。那时活跃于诗坛的"七月派"诗人中，经常可以看到圣门（又名 S. M，即阿垅）的诗作，他把"圣"字借过来，和"野"字凑在一起，便成了"圣野"，他希望自己写出来的诗，既有严肃认真、力求圣洁的一面，又有野马奔驰、放荡不羁、发挥浪漫想象的一面。在创作主题上，要追求崇高的境界；在表达情意上，不能刻板，要像飞出笼子的小鸟一样，写得有自由驰骋的想象力。这样写出来的诗，既是现实主义的，又是浪漫主义的。他很喜欢这个笔名，坚持用到底，于是就成了他终生的笔名。除了"圣野"之外，他还用过叶梦寒、欧阳望红、司马子朗、司马云腾、摩利、吕林、汤客、里昂、万波、罗宋等笔名。

后来查了一查湖南出版的《中国现代文学作者笔名录》，才发现1912年出生于福建的张一山，也偶尔用过这个笔名，不过他主要是写小说，不是写诗的，因此不曾发生过同名相撞的尴尬。

1942年3月23日，圣野的诗歌处女作《怅惘》在江西上饶《前线日报》的"学生之友"版发表了。报社不仅寄来了赠报，还给他寄来一元钱的稿费，他拿着这一元钱，居然在民智书局买到了一部最最喜欢的书——萧红的诗性自传《呼兰河传》。从这以后，他每天一早，总要爬上学校后面的小山岗，含着一份悲凉的同情，大声地朗读萧红的童年史诗。后来他又从青年诗人畸田那里得到了艾青诗作的手抄本，这部手抄本，是他时常不离身的伙伴。也就是从这时候起，诗已经成了圣野的最最要好的朋友。当时经诗友的介绍，他认识了浙江龙游的青年诗人畸田。

畸田（1920—1971），原名鄢绍良，上世纪40年代以诗歌创作活跃于东南文坛。他在1942至1945年间发表在《东南日报》《浙江日报》文艺副刊上署名为"畸田""司马群兵"的大部分作品，反映了这个歌颂抗战呼唤黎明的东南歌手的昂扬的精神风貌。这些作品，集中反映了抗战时期，浙东人民的战斗激情。

畸田是位才华横溢的青年诗人，写这些诗篇时，才不过二十出头，他自己还是学生，在浙江省战时省府所在地的丽水碧湖师范念书，当时圣野亦因金华沦陷，正好在缙云金竹读高中，曾通过一位初中的同学，慕名向他请教什么样的诗才是最好的诗。畸田连夜给圣野抄来一叠艾青的名篇《黎明的通知》《大堰河》《透明的夜》等。

这些诗，像照耀黑夜的火把，燃烧起了圣野的满腔热血。跟畸田连通了几封信以后，当圣野再看畸田那接连不断的发表于浙东两份大报的作品时，便更了解他了，好像抱住了年轻的一团火，促使圣野以后写出了诗体童话《讨火的人》那样的带点求索的创作。畸田是艾青作品的崇拜者，他的每一篇作品里，都可以找到艾青的影子，他的心中隐隐约约似乎闪亮着延安宝塔山上那颗闪亮的红星。

作为一个战乱中的青年学生，畸田用诗唱出了自己的满腔悲愤，他的诗，虽不同于田间式的刚强，但于委宛曲折之中，依然写出了一个不愿做奴隶的中国人深藏于内心的那一份宁死不屈的战斗激情。在那民族存亡的决战关头，他写出来的每一个字，每一行诗，都具有强烈的抗争意识，深深地打上了那个时代的烙印。读了他的诗，每个人都会自然而然地得出一个清醒的认识：没有国家的独立和富强，就不可能有人民真正的团圆。

当回忆起那段与畸田交往的岁月，圣野总会用诗一般的语言感慨地说道："畸田，一个在四十年代的腥风血雨中慷慨悲歌的诗人，他用密如子弹的诗，向残暴无比的他憎恨的法西斯，射击，射击，英勇地射击……"在纪念世界反法西斯战争胜利七十周年的时候，圣野一遍又一遍地重温了他的诗，让他清晰地记起，七十年

爱国诗人畸田

前，在浙南，曾经活跃着一个用笔当枪的诗人。

新中国成立以后，畸田当过教师，当过衢州婺剧团的编剧，在一个令人难以理解的年代，默默地走了，但在圣野的耳朵里，却依然能够听到他那瞄准侵略者射击的诗的枪声。

在上世纪80年代中期，圣野曾经为浙江龙游地区的一本文艺刊物《龙吟》写过的一篇怀念畸田的文章《虎啸龙吟忆师友》，以表示对这位爱国诗人的怀念之情。

1945年秋，圣野考入了公费的浙江师范大学师范学院英语系，和圣野一同考入的还有最亲密的诗友鲁兵。早在两年前的1943年秋天，圣野就曾在缙云金竹遇到了刚从丽水流浪回来的鲁兵（严冰儿）。鲁兵出生在一个开明的地主家族里。因为家里人多，母亲在他很小的时候，就把他抱到外婆家，由一个终生不嫁的姨母把他抚养大。这位姨母，鲁兵把她看成是自己的第二个妈妈。鲁兵小时候，就喜欢玩水，玩泥巴，他写过一本叫《泥巴孩子》的书，记的就是他小时候玩泥巴的故事。其中有一篇散文，题目叫《从水里捉上来的朋友》，生动地记述了他跳到水塘里捉鱼摸虾的细节。

在小学里，鲁兵是个爱爬树的小猴子，曾跟小同学进行爬树比赛，因为他手脚灵活，谁也爬不过他。几十年后，他重访母校金华师范学校附属小学的时候，已经找不到他爬过的那棵大树了。金华师范学校附属小学的教室旁边，曾放过几口空棺材。为了和同学比胆大，鲁兵还曾给自己壮胆，半夜里钻到黑洞洞的棺材里，睡过一回觉。

念中学的时候，鲁兵成绩最好的还是数理化，可因为他的外公曾考中过举人，会写旧体诗，也写得一手好字，从小耳濡目染，鲁兵也悄悄地在练字练写诗，可写出来的东西，从来不敢拿给外公看，怕吃外公的批评。

后来圣野与鲁兵一起办起了油印文学刊物《岑风》。在《岑风》上，曾经刊登过圣野的一篇题为《讨火的人》的诗体童话。说起这篇童话的诞生还有一段鲜为人知的故事。圣野后来回忆说：当时鲁兵还没有对象，写过一点给异性表达朦胧爱情的信，但总是碰到一些冷面人，毫无结果。作为好友的圣野不禁为他愤愤不平，心情一激动，便写下了诗体童话《讨火的人》。

《讨火的人》主要说的是一个有点沉醉的青年，在一个黑暗的街头里流浪，看见一个房间里，亮出一点光。他像看见一线希望似的，止不住自己的心跳，连忙跑过去想向掌灯人讨个火。拥有光的是个女郎，他再三恳求，女郎就是不答应，并且为了拒绝他，竟把唯一点着的灯吹熄了。可是他并没有绝望，怀着一份对自私者的谴责和愤怒，与"占有光也占有夜"的深信，重新又摸索向已陷入一片黑暗的街角，他要用他的一腔怒火来照出黑暗中的各种人物。

可以看出，该童话与圣野的创作初衷在思想内容上有了质的升华，原来是为好友个人感情生活中的失意、失恋而鸣不平，形成完整的作品后，主人公不再是一个向女郎乞讨个人情感温暖的人，而变成了在黑暗的社会里寻求火光、寻求光明的进步青年。尽管他遇到了种种困难与失败，讨火未成，但他还是满怀着信念，不停地在探索着。

考入浙大后的圣野，把《岑风》这个刊物在浙大也出了两期。年底，浙江大学龙泉分校迁回杭州，圣野结识了比他高两年的同学徐朔方，在他的影响下参加了西子湖畔的进步文学社团明湖社。在老同学的带领下，他与鲁兵也关心起政治来了，明湖社的民主墙报和当时"三青团"办的墙报出得针锋相对，《民主》《文萃》《周报》等成为圣野最喜爱的刊物。圣野在1946年"五四"青年节写的《节日与旗》里曾发出了这样的呐喊："'民主与反独裁'是我们节日的旗。"在浙江大学教授费巩失踪一周年，圣野参加了纪念会，并写下悲愤的诗《夜祭》。

1945、1946两年间，圣野与鲁兵一起担任了江西《大众日报》的特约通讯员，曾以《春寒料峭话西湖》等为题，写了一些反映浙江大学生运动的报道。他的较早的一些诗，如《粗糙了的手》《失眠的夜》等，都是在《大众日报》《力行日报》的副刊上发表的。

大学时代的圣野与鲁兵

从1947年下半年起，圣野开始为杭州《天行报》主持编写《原野诗辑》。最早是周刊，后改半月刊，先后出了二十多期。那时，在沪编《未央》诗刊的诗人罗飞同志和圣野有很多联系，圣野将罗飞的诗《期待》编发在《原野诗辑》第八期上。罗飞的诗写得很亮丽，富有一股青年人的激情，他把解放大军"走过冰雪的残冬"，英勇地解放全中国的亲切期待全写在这个诗篇里了。

罗飞在为《原野诗辑》撰稿的同时，自己正在主编一个诗刊，叫《未央诗刊》，即"长路茫茫夜未央"的意思。他和许多爱诗的年轻人一样，正在用诗来呼唤新中国的黎明。他不仅热情地向圣野约稿，还曾特地赶到杭州来，看望圣野和另一位编辑史坚先生。在浙江大学宿舍礼斋208室见面时，罗飞同志西装革履，风度翩翩，还梳得一头亮发。他送圣野一张自己俊逸的照片，圣野一直保存到现在。

《未央诗刊》先后出版了四五期，除创刊号外，几乎每一期上都有圣野的诗，记得的诗题有《题照》《招呼》和《我们是八个》等。这些诗，都密切地反映了国民党统治区的斗争生活。其中欢迎鲁兵从上海流浪归来所写的《我们是八个》，则是当时浙大大学生活的一幅生动写照。《未央诗刊》出版后，每期都在上海的报纸上刊登目录广告，产生过一定的影响。圣野记得新中国成立前几年，沪杭地区的进步诗刊有好多种，多数出了几期，就被迫停刊。《未央诗刊》旗帜鲜明，能连出四五期，艰苦撑持，也算是十分难能可贵了。为《未央诗刊》写稿的一批倾向鲜明的诗作者，多数也为《天行报》的《原野诗辑》写过稿，如胡牧、丁力等。为了一个共同的明天，他们很自然地走到一起来了。

1949年3月，圣野离开了浙江大学投奔金萧支队参加革命，就和罗飞同志失去了联系。直到上个世纪80年代初，在济南泰安参加全国第二届少儿出版工作座谈会，有一位中年人来宾馆敲门，他自报姓名，原来他就是新中国成立以前曾经写过诗、编过诗的罗飞。他还有一个名字叫杭行，曾被定为"胡风集团"的骨干，为此经历过很多磨难。他所以一直没有给圣野写信，主要是怕圣野受牵连，圣野为他的周到的考虑而感动，不知该怎样感谢他才好。

新中国成立以前，他们是休戚相关的诗友，后来在少儿出版界，他们又成了同行，罗飞很关心儿童诗，曾为少年儿童编过一套"六一"诗丛，圣野的《写在早晨的诗》，就是这套丛书中的一种，在寄稿过程中，曾得到他的热诚的帮助。

圣野回忆说，在浙大学习期间的诗歌创作，特别是具有个性的诗风形成过程中，给圣野印象最深的，应该是诗人徐朔方。徐朔方有一部题为《看梅集》的手抄本，平常秘不示人，却对圣野一个人开放。那时，他悄悄地爱上了中文系的同学杨笑梅，"我想写首诗/写诗因为你欢喜/看看稿纸看看你/这首诗要一生写"，这首清新可读异常亲切的小诗，体现了徐朔方的平淡有如白描的写诗风格。还有那首写于龙泉分校的《洗衣的姑娘》，其观察的细微与叙述的平易，都使人百读不厌。

著名儿童剧作家孙毅在圣野诗歌创作50周年研讨会上把他的诗归纳为"不放盐的诗，不加糖的诗，不加味之素的诗"，圣野说，其实这些特点都是从徐朔方这儿学来的，只是他很少发表诗，没有引起更多人的注意。徐朔方曾出版过五卷的文集，他曾告诉圣野，他最看重的，还是那一部诗集，因为这才是属于他自己的创作。

1948年，圣野选编了一部儿童诗选《小母亲》，收入了徐朔方写的《小雨点》，这首诗后来又被选进了《中国现代儿童文学作品选·诗歌卷》中。他的诗风清新淡丽，就像是一个小女孩写的。圣野在1947年和1948年先后出版的《啄木鸟》《小灯笼》两本诗集，从中可以看得见徐朔方诗作的美丽照影。徐朔方的《看梅集》虽然是本爱情诗，但圣野却读出了他的一片童真。圣野无不感慨地说，是徐朔方的诗给了他营养，也养大了成千上万的诗娃娃。没有人知道，他俩曾经有过这样的友谊，而圣野正是在这种无私的友谊中，走进了自己诗的春天……

就在圣野醉心于诗歌创作、醉心于文学活动的同时，也自然而然地收获了爱情。早在圣野初中毕业的1939年1月，就和同学钱超到汤溪一个小学补习班教书。补习班有一个大龄女学生就是方彩香，她不交学费，也不交饭钱，以工读的形式来听圣野的课，因为她学得特别用功，写的作文和日记也特别认真，引起了圣野的注意，批改作业的时候，圣野也格外认真，是他经常在班上表扬的对象。

渐渐地，他们之间就产生了互相思慕的恋情，那时由于杭州陷落，日寇的轰炸机经常飞到金华铁路沿线来狂轰滥炸。上课上到一半，听到空袭警报响，老师便带领学生，到附近的树林里、灌木丛中躲避。非常有意思的是，每次逃警报，他和彩香，总是不约而同地躲到了一起。

对这样一个出身苦、心灵洁白的女学生，圣野非常喜欢。于是就托人去询问彩香的心思。彩香听了，一阵脸红，没作任何回答，圣野也就把求婚的大事，暂时搁一搁。直到后来，圣野才知道，彩香的脸红，实际上是同意的意思，但又不好意思作直爽的回答。

补习班里，彩香的日记和作文，越写越长了。有一天，她终于鼓起勇气，给圣野出了一道选择题，让他来回答：（甲）做一个终身伴侣；（乙）做一个她一生的好老师；（丙）做一个朋友。圣野在看日记的当天，立即在她的日记上作了回答，选了"甲"，并主动请人做了媒，公开了他们相爱的秘密。

当年他们把这种悄悄进行着的恋爱，称之为强调精神爱恋的、有别于世俗的爱。在这年暑假里，圣野考取了高中的公费生，方彩香顺利考取了汤溪简易师范，开始了一段崭新的生活。他们在这年暑假中，很快办了订婚手续，写起了亲亲热热的两地书。她在信里叫圣野"神"，圣野则在回信里叫她"仙"，以表明他们两人在

圣野与方彩香的订婚照

圣野与方彩香在金华汤溪瀛洲完全小学留影

甜蜜的爱恋中，过的是神仙一般的精神生活。

抗日战争的炮火，中断了方彩香的求学，使她不得不离开简师到医院、粮管处等单位打工，或在自己的村子里教小学，来勉强帮助家人艰难度日。

圣野在1948年6月出版的诗集《列车》上，曾经登过一首《我们的婚姻》，回忆着他们在战火纷飞的苦难岁月，草草举办难忘婚礼的情况：

　　你曾经是我敬爱的
　　一名工读的女学生

　　你曾经跟我
　　一起逃过警报
　　（还记得吧，那一片小灌木？）

　　你曾经悄悄地在河边
　　给我洗过贴心的衬衣

　　你曾经徘徊在我春天的房门口
　　为我的生病饮泣

　　我吗，就是你不久之后的未婚夫
　　就是你沦陷以后的相思鸟
　　就是跟你在山窝里草草结婚的丈夫

　　就是那个在结婚之夜
　　把分匀的半只鸡蛋饲进你嘴里的亲亲……

这首诗里写的"沦陷以后的相思鸟"，就指金华沦陷以后，两人之间的信息几乎断绝。为了了解彩香一家在战乱中的动态，圣野曾在大哥的陪伴下，穿过金华沦陷区，想去看一看方彩香。谁知走到金华洪村坊附近，就再也不能前进了。前面有日军和"和平军"流窜，只得中途折回。最后还是彩香的父亲下了大决心，穿过武义的大山，跑了两天两夜，才找到了圣野正在读高中的金竹驻地。圣野请了个婚假，回到老家东阳大田头完了婚。在东阳的七天，圣野的父亲十分高兴，给新娘做了一套新衣，借结婚不久的三儿子的新房做了洞房，还请村里几位体面的长辈吃了

圣野的第一个孩子——方方

一顿喜酒，圣野他们的婚礼就算办过了。

　　也就在圣野成为浙江大学师范学院英语系的一名学生时，喜上加喜的是他们这一对在苦难中结合的伉俪，有了第一个孩子——方方。从此方彩香一人挑起了全家的生活重担。

第三章

西子湖畔编童报

> 西子湖畔编童报,
> "自己的岗位"为儿童,
> 作文日记求童真,
> "割掉胡子"露童心。
>
> ——圣　野

圣野后来之所以会踏上儿童诗的创作道路,他在浙江大学师范学院英语系学习期间与鲁兵一起参编《中国儿童时报》的那段经历,应该说是起了决定性的作用。那时,他与鲁兵同住一个宿舍,鲁兵找到了《中国儿童时报》的主编、老同乡薛裕生,开始在这家报社做兼职。不久把圣野也带了进去,做起了这家儿童报的义务编辑。

《中国儿童时报》是田锡安于1930年6月在绍兴创办的,第二年秋天,搬到了

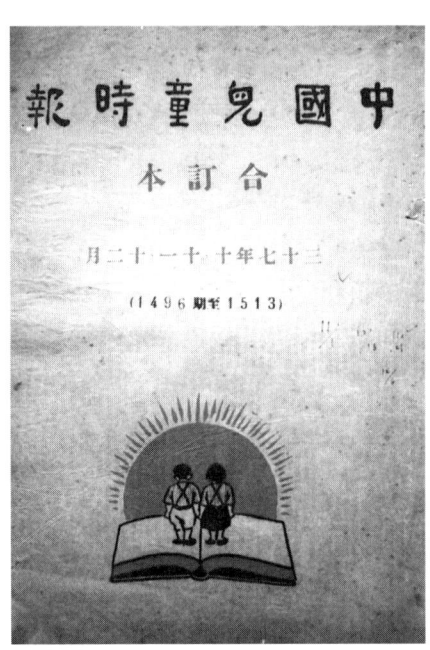

创办于1930年6月的《中国儿童时报》合订本

1948年,《中国儿童时报》上圣野责编的栏目"自己的岗位"

杭州。1935年,有几个留学日本的青年人还办了一个"《中国儿童时报》东京分社"。抗战期间,杭州沦陷,报纸只好停办。1940年在金华继续出版发行,后来迁移至江山、永安。1944年,盛澄世先生接办了这张报纸,担任社长。抗战胜利后,他把报社又迁回了杭州出版。

创刊以来,柯灵、何紫垣(何求)、薛裕生等曾先后担任主编。1947年受聘担任主编的石云子,是鲁兵的同乡。报纸迁回杭州后,一直由寿三畏先生担任经理,他是鲁迅的启蒙老师、三味书屋的寿镜吾先生的孙子。

鲁兵在给报纸翻译外国童话的同时,也写诗、写童话。后来报社为鲁兵设立了一个"冰儿信箱",从此鲁兵就忙开了,吃了晚饭到报社去,每天可以收到大量写给"冰儿哥哥"的信。他不但有信必复,还给有困难的小朋友寄钱寄东西,虽然他在大学里自己生活得也很穷。

由于当时的正式身份还是一个大学生,圣野参与编报也完全是业余时间。虽说圣野读的专业属官费师范类,不用交学费,但日常开销还得靠自己打工解决。他在上大学前已经结婚,爱人方彩香一直没有固定的工作,加上小孩的出生,生活变得十分拮据。不过在这样困苦的条件下,圣野还是省下钱来接济那些穷苦的孩子。有时他到育儿院去做义工,自己肚子饿得咕咕叫,看到饥饿的孩子就把自己的饭钱省下来，给他们买些干粮。冬天到了，他和鲁兵等编辑发动大学的同学和社会上的爱心人士，筹钱给孩子们买厚实的毛衣，做棉袄。有时甚至还为有经济实力的爱心人士收养孤儿牵线搭桥，让孤儿能有个温暖的家，过上幸福安定的生活……

《中国儿童时报》本来主要是配合学校教学的。石云子请圣野他们协助编稿，他们都认为，小朋友们非常需要文学的熏陶，就扩大了文学的版面，第三版刊登童话、诗歌、小说、剧本，第四版叫作"自己的岗位"，是属于小朋友的——专门刊登小朋友写的作品。儿童报纸，不能只拿东西给小朋友看，还得鼓励小朋友们自己来写。编辑部举办过写诗、写日记、写信、写故事的比赛，小朋友们可踊跃了，他们的优秀作品，就刊登在"自己的岗位"上。有的小朋友写得不好，大概是吃了"作文指导"的亏，只会照着人家的文章写文章，写的不是自己的生活和感情，用的不是自己的语言，一副大人腔，就像小孩子长了大胡子，这多难看呀！编辑部就来个"割胡子运动"，订立几条"自己的宪章"，帮助这些小朋友从"小老头"变回小孩子，用自己的话写自己的事。

小朋友顶爱问"为什么"，真有十万个"为什么"呢！儿童报纸得给小朋友提出的问题作解答。于是就在报纸上办了个"信箱"。像"麻雀为什么只跳不走"，"蜂窝的结构为什么是六角形的"等。这些问题多有趣！当然还有一些叫人伤心的问题，如"内战的损失有多大"等。在旧社会，叫人伤心的事很多，小朋友们不明白，就写信来问了。信箱有问有答，报纸和读者就更亲密了。

那时候，有好多小朋友想看报，可是没钱订报，谁听到这样的事不难过呢？编辑部想出个办法来了，发起了一个"助报运动"，请订了报的小朋友把看过的报纸送给订不起报纸的小朋友。一张报纸起到了几张报纸的作用，不用说，还增进了小朋友之间的友谊。

小读者中间有许多积极分子，他们做了报纸的小通讯员，他们常常向编辑部反映各地的情况，说说小朋友在想些什么，做些什么，为什么事高兴，为什么事伤心。可惜知心朋友难得见面。在杭州的小通讯员，还有小作者，那就不同了，他们常来"编辑部"——就是那间又挤又乱的屋子——带了自己的作品、自己的画来，有时就是来玩玩，就像上外婆家。编辑部也常为他们组织一些活动，如参观聋哑学校，参加音乐戏剧欣赏会，到玉皇山去郊游……几个大哥哥，一群小弟弟小妹妹，可亲热啦。

报社在一个假日里曾经组织过一次郊游活动，祝家申小朋友因为腿不好，无法参加，在郊游之前，圣野还写了一首诗《郊游前想祝家申》寄给他，让他也能分享到一点孩子们在郊游时得到的快乐。圣野和苦孩子间的这些友谊，使他们更加向往光明的未来。圣野在诗里和文章里祝愿这些孩子们，明天都能过上自由幸福的生活。就这样,《中国儿童时报》成了小朋友的好朋友,它和小朋友们一起度过许多辛酸的、艰难的,然而对未来却是充满信心的日子,直到江南解放。

  1946年后,圣野在《中国儿童时报》主要负责"自己的岗位"这一栏目,看小作者的来稿,他感到英雄有了用武之地,干得十分卖力。报社自从进了鲁兵与圣野两人,不仅刊物的文艺性和可读性有了很大改观,与小作者之间的联系也得到了明显的增强。

  为了让自己的诗更接近儿童,圣野开始注重深入生活,经常走访学校、幼儿园和孤儿院等,通过做义工、教学观摩等,尽可能发现一些创作素材。1946年春夏之交,他参加了由《中国儿童时报》主编薛裕生先生组织的参观浙江省第一育幼院活动。院里开展了两项活动,一个是写字比赛,另一个是清洁比赛。比赛完后,圣野即兴写了《写字比赛》《检查清洁》两首小诗,赞扬了小朋友们的活动。这两首小诗后来以"周先生"的笔名发表在《中国儿童时报》上。

  写字比赛

  写大字
  写大字
  又正又直
  又方又有力
  只要天天写
  自然有进步

  你第一
  我第三
  得奖别骄傲
  失败别心急
  这回赛过有下回
  看看谁最有成绩?

  检查清洁

  检查清洁
  检查清洁

天天检查
天天清洁
自己的东西
自己弄清洁
人家不清洁
帮他弄清洁

你清洁
我清洁
他清洁
大家都清洁
查也清洁
不查也清洁
衣服清洁
床铺清洁
教室茅坑都清洁
心里也清清洁洁

  这两首小诗对于圣野的创作生涯来说可谓是划时代的,这是他第一次创作的真正属于儿童的诗作。诗的内容反映的是育儿院孩子的学习与生活情况,虽然属于写实性作品,但圣野还是十分有意识地去发现儿童在活动中所反映出来的心理特征。如《写字比赛》里,孩子在写字比赛时,往往会因为名次不同而产生骄傲或心急的情绪。《检查清洁》也一样,孩子对待检查清洁,往往会来检查了,就搞清洁,反之就不太注意。还有这两首诗完全是用了儿童本位的语言来表达,多处用了叠音同语节奏反复吟唱的手法,通俗易懂,朗朗上口,为孩子们所喜闻乐见。

  当然我们也应该客观地看到,当时中国儿童诗创作的大环境已经出现了喜人的局面。在五四新文化运动时期及其之后的二十多年的时间里,在文坛极具影响的著名学者、作家、诗人,如胡适、郭沫若、叶圣陶、俞平伯、冰心、刘大白、闻一多、朱自清、梁实秋、陶行知、穆旦、刘半农、林徽因等都有儿童诗力作问世,而且他们的作品,已经形成了讲究童心童趣的童心浪漫主义的创作风格,这为圣野今后的儿童诗创作指明了方向。

  圣野在与鲁兵一起担任《中国儿童时报》编辑期间,经常走到孩子们中间去,如发现有读诗、写诗兴趣的孩子,就会指导他们学习与创作诗歌。

1947年下半年，鲁兵在浙江平阳幼儿院发现了两个爱写诗的苦孩子，一位叫吴爱莲，一位叫钱乃钧，在儿童诗比赛中得过奖。这两位小朋友的作品也引起了圣野的注意，钱乃钧是杭州人，六岁时因走失被送入育幼院（孤儿院）与父母失去联系。苦难催促着他早熟，写出来的诗就像大人一样。圣野被他寄来的诗所感动，一边读，一边还写了题为《乃钧的诗》的评介文章，与乃钧的诗一起刊登在《中国儿童时报》上。后来圣野在乃钧的一首《农民节》里，发现了他有创作民歌的才能，又多次对他进行了指导，使他的诗作的艺术质量又有了新的提高。

那年冬天，鲁兵因白色恐怖而流浪上海时，以《苦难的花朵》为题将吴爱莲、钱乃钧的诗推荐给了陈伯吹先生主办的著名儿童文学刊物《小朋友》。作品发表后，在社会上引起了极大的反响，不仅唤起了人们对苦难孩子的关爱，也引起了对儿童诗歌创作的关注。

七十多年过去了，圣野仍然念念不忘这两个苦孩子的下落，他在《诗缘·想念一位不愿意接受怜悯的小诗人钱乃钧》一文中回忆说，当时钱乃钧的诗作在《小朋友》上刊登出来以后，引起浙江大学同学潘绍光的极大关注，他愿意节衣缩食拿出点钱来，帮助乃钧渡过暂时的困难。潘绍光毕业离校后找到了工作，进一步关怀起小乃钧，把他接到杭州来，想收他作养子。当潘绍光把钱乃钧真的接到杭州，给他安排好了生活，想让他继续读书时，不知为什么这个个性很强的小诗人见到潘绍光，在感情上总有些格格不入，就是不肯叫爸爸。后来他在艮山门外，找到了一贫如洗的亲爸爸，还是愿意跟自己的爸爸一起过。从这以后，圣野他们和这位小有才华的小诗人也就失去了联系，现在是否还活着都不知道。这位在苦水里泡大的孩子，圣野直至今日还想念着他……

在参编《中国儿童时报》的日子里，圣野为了帮助小作者逐步掌握儿童文学的特点，曾在该报写过几篇谈儿童诗的文章：《展开割胡子运动》《自己的宪章》《自己的岗位》《乃钧的诗》等。1948年1月，他和石云子、鲁兵等出了第一辑《小草丛刊》（共三册），丛刊之一的《小母亲》是一部儿童诗选集，选录了颇有特色的郭风、田地、田子等人的诗，也选了小诗人钱乃钧的作品。1948年6月初，他们又编选出版了《小草丛刊》第二辑，其中包括鲁兵的童话寓言集《桥的故事》和圣野的以小妹妹为小主人公的第一本儿童诗集《小灯笼》。1948年下半年，圣野的组诗《给咪咪》和《礼貌国》《讲故事》，以及结合对童年时代生活的回忆试着用浙江方言创作的组诗《乡下的女孩子》等，都发表在《中国儿童时报》上。

1945年到1949年，当时国家正处于"风雨如晦，鸡鸣不已"之时，蒋介石耍了一套假和谈的鬼把戏，很快撕毁了停战协议，发动了反共反人民的内战。《中国儿童时报》虽然没受地下党的直接领导，但从它的办报倾向来看，党的影响时时处处都可以感知得到。他们坚信：推倒"三座大山"，光明就在眼前！

当时地下党办的上海《新少年报》出刊以后，圣野和同事们就一直与他们保持着联系。记得《新少年报》主持编务的胡德华得知圣野和鲁兵在浙江大学生活非常艰难时，曾托人捎来一个食品罐头。这种雪中送炭的情谊，一直温暖着他和鲁兵的心。当《中国儿童时报》庆祝创刊18周年时，上海的儿童文学作家和儿童报刊的编辑陈伯吹、何公超、胡德华、金近、仇重、黄衣青、陶蔚文和著名儿童教育专家陈鹤琴等纷纷寄来贺词与诗文，胡德华在贺诗《你会改造一切》中这样写道："你是孩子们的明镜/在你的面前/孩子们清楚了/这世界的正与反，善与恶/也明白了自己的美与丑/你是友朋们的星星/在黑蒙蒙的雾夜/你照亮了我们的道路/让我们认清了，走上了/正确的文教新方向……"老前辈何公超在贺词中鼓励圣野他们要做到"三要三不"：要说真话——不说假话；要记真事——不记假事；要指真路——不指错路。还有在抗日战争年代就创作出长篇童话《从风吹来的地方》《有尾巴的人》的仇重，也送来了意味深长的贺词："人也一样，报纸也一样，一定要生根在广大的人群中，生根在广大读者中，才如鱼得水，活得好，动得好。"这许多来自儿童文学界、教育界的诚挚勉励和殷切期望，无疑是推动《中国儿童时报》继续前进的巨大力量。

在报社工作的日日夜夜，圣野和鲁兵等从好多热心帮助他们的前辈、朋友的身上（有的是在新中国成立之后，才知道他们是地下党），感受到了严寒中温暖。而编辑部的同仁们又把这温暖，通过报纸，通过一封封问寒问暖的信，分送到小读者的手中。在迎接新中国黎明的日子里，圣野曾为孩子们编过孩子们自己写的二十多期"诗辑"，每辑都有一个醒目的标题，如《这个年头真古怪》《挺起身来干清洁》等，还有一个题目叫《山那边呀好地方》，借以表达孩子对解放区的歌颂与向往。主编石云子曾以"林明"的笔名，在文艺版上发表了一首《望你来》的小诗。诗中的"你"，很明显就是指解放军和共产党。

1948年8月，圣野赶到上海和鲁兵一起参加了儿童读物作者联谊会，参加了关于儿童文学语言问题的讨论。从这以后，他和上海儿童文学界的联系更加多了，他的儿童诗在上海的一些知名儿童报刊，如《小朋友》《现代儿童》《儿童故事》《童话连丛》《儿童世界》《儿童知识》上，得到了较多的发表机会。

回想起这段将近七十年前的历史，让圣野感到难忘的是那个时代的小读者们，他们在极其黑暗的社会和困苦的条件下，还能用一颗带着对理想的渴望在追求知识与表现对文学、对诗的热爱。当然最让他难以忘怀的还是与鲁兵在编辑《中国儿童时报》时建立起来的深厚情谊。

圣野先生回忆起那些山雨欲来风满楼的日子里，总免不了要提起好朋友鲁兵。

当时鲁兵在编报的同时，还不停地在从事儿童文学创作，写了一篇又一篇的童话寓言故事，其内容实质无一不是在为反动的蒋家王朝送葬。他曾创作过一个叫题为《皇帝与太阳》（又名《大珠子》）的神话剧，在杭州的舞台上公演，他自己担任了历史老人的角色。剧中讽刺的那位贪得无厌的皇帝是谁？孩子们一看就明白。圣野还专门写文章，把剧情、剧照和演出动态新闻以整版篇幅刊登在《中国儿童时报》的文艺版上，在当时产生了很大的影响。

鲁兵就是带着这样一种燃烧的充满希望的感情去投奔浙东革命游击队的。后来又参加了抗美援朝志愿军，在又黑又湿的坑道里，度过了千百个日日夜夜。可就是在那硝烟弥漫的日子里，鲁兵始终没有没有忘记给国内的小朋友们写点东西，如《朝鲜小姑娘》《十五发子弹》等等作品寄了一篇又一篇，在当时的国内儿童报纸、刊物上发表。

在部队待久了，鲁兵又开始想念着小读者们了，于是他向部队老首长打了转业归队的申请报告，来到了少年儿童出版社，做起了小朋友的大朋友。从《小朋友》《儿童文学研究》《小青蛙报》，到他与圣野一起编的《365夜》系列丛书，以及他自己编写的古为今用的故事等，可以堆成一座小山，发行量高达几十万册。韬奋奖、樟树奖、少儿工作特殊贡献奖……他把人民给他的荣誉证书和奖章，统统锁在一个箱子里，从来不拿出来示人。他把八十多个春秋，变成了八十多朵鲜花，全部送给了祖国的孩子们。孩子们一定会永远记得，有那么一个曾经写过《背小猪》《虎娃》和《太阳公公起得早》的大孩子。

由于他俩经历相似，新中国成立前在一个大学、一个专业学习，而且还住在同一个宿舍，又一起在《中国儿童时报》担任编辑，立志为祖国的孩子写作，为儿童文学奋斗终生。新中国成立后又一起在少年儿童出版社工作，还曾同住一幢楼、一个楼层，经常互相探讨问题，切磋经验，简直可以说形影不离。儿童文学界的人士常把圣野与鲁兵誉为中国的"格林兄弟"。

上世纪80年代初，圣野和鲁兵同住在上海曹杨九村30号五楼的贴隔壁。就在同一个夜晚，他们居然都梦见了安徒生。异床同梦，竟然连梦见的题材也相同，都是在为安徒生的《皇帝的新衣》写续篇。

鲁兵写了《一篇没有写完的童话》，说的是梦见安徒生打电报给他，说那篇《皇帝的新衣》并未写完，最近才写了末尾的一节：游行大典举行完毕，冻得面皮发青、嘴唇发白的皇帝，连忙叫臣子拿衣服给他穿上。皇帝气得发疯，立即下令缉拿两个骗子归案。皇帝秘密开庭审判时，并不服输的两个骗子说："如果没有说谎的皇帝，也就没有骗人的我们。坏就坏在那个戳穿谎言的小孩。"小孩找到了，竟判他一个"说真话罪"。当鲁兵在梦里惊醒时，打趣地问自己："天下哪有个说真话罪啊?"

而圣野在这一夜做的是一个叫《竹林奇遇》的怪梦：这两个骗子继续受到皇帝的重用，而且竟然到乡下来追捕那个说了"皇帝光屁股"的小孩。小孩没办法，逃进了竹林里。等骗子走了以后，妈妈叫篾匠剖开一根竹子，才把这个敢说真话的孩子从竹子里救了出来。妈妈问他躲在里面干什么？小孩回答很幽默："这里叫虚心国，安全地住着不说谎的公民。"

后来，鲁兵的散文《一篇没有写完的童话》和圣野的童话诗《竹林奇遇》，刊登在《诗刊》上。著名童话家金近觉得《竹林奇遇》构思新颖，有深刻的现实意义，就把它选入《中国新文学大系·儿童文学卷》。1986年前苏联出版的《中国文学专号》，把《竹林奇遇》同艾青、李发模的诗一同选入。

由于圣野和鲁兵住得实在太近，这就给圣野经常去"打扰"鲁兵提供了极为便利的条件。有一次半夜里，圣野写了一首诗，自己感觉很不错，于是就去敲住在隔壁的鲁兵家的门，把他从睡梦里拉了起来，听听他的意见。不管是创作还是编务，圣野总是要先征求一下鲁兵的意见，有时甚至在行为规范上，唯一能对圣野形成"约束"作用的还是鲁兵。有时少儿社的同事们聚餐，席间圣野少不了要吟诵几首即兴创作的儿童诗。由于他在无休止地吟诗，大家都自然而然地停下用筷，只有鲁兵在一旁拉拉他说："好了，好了，大家要吃饭了。"他才意犹未尽地停下来。

在上世纪80年代初，他和鲁兵在去外地开会，在火车上巧遇著名诗人柯岩。让柯岩没想到的是，他俩坐的是硬席卧铺。看着许多远比他们年轻的同行都坐在软席车厢里，柯岩的心里感到难以平静。因为她觉得他们两人都已年逾花甲，是新中国成立前浙江大学的学生，为儿童文学事业勤勤恳恳干了一辈子，论知名度，论贡献，丝毫不比一路同行的坐在软席里的同辈差。何况他们新中国成立前就投笔从戎参加革命，怎会如此待遇？……就在柯岩的心为此而纠结的时候，他们俩人却浑然不觉，还在那里毫无知觉地絮絮谈着那些永远也谈不完的儿童文学。

柯岩不禁走过去，挨着他们坐下，轻轻地说："又在谈谁的新作品呢？"因为柯岩知道，这两个人是莫逆之交，从青年时期，特别是编《中国儿童时报》就在一起探讨新作品。鲁兵说："这回可没有，谈《小朋友》呢。"圣野也温和地笑着说："《小朋友》要过生日了。"柯岩问："多少岁了？"鲁兵竟用手指轻轻敲着圣野的额头说："和他一样大，六十四岁了。"当时鲁兵视力越来越坏，一圈摞一圈的厚镜片后看起来十分浑浊，而柯岩却发现此时他睨视圣野的目光却那样明亮，明亮而亲昵，流溢着爱护。圣野呢，就像一个小孩子让爱他的大哥哥戳着额头时一痒一痒地，毫不躲闪，只缩着脖子嘻嘻地笑。这情景让柯岩十分感动。

过了一会儿，柯岩问："你们俩从来不吵架吗？"鲁兵笑着说："谁说不吵，为作品可没少吵……"圣野却说："谁和他吵？这个家伙脾气坏，喉咙又响，吵起来吓人，我不睬他，一会儿就好了……"他们都哈哈大笑起来。

此时，柯岩顿时想起圣野的诗句"一诗在手，天地顿宽"，似乎领悟到了圣野与鲁兵的人生追求与思想境界，并把这一切归结为"他们过分迷恋儿童文学的结果"。

鲁兵不仅在儿童文学上有突出的贡献，在旧体诗上也有很深的造诣。听说鲁兵的外祖父叶熙先生喜欢作诗自娱，一生写了许多诗。鲁兵生在这样的书香门第，从小饱受诗歌的熏陶。高中时期，圣野在办油印诗刊《蒲风》时就向鲁兵约过旧体诗，当时18岁的鲁兵因金华沦陷流亡浙南，写下了沾满"酒痕""泪迹"的《北望》，一抒河山破碎之痛："子规啼彻泪依依，北望家园未得归。击节悲歌拼一醉，酒痕泪渍满征衣。"可以看出，从那时起鲁兵已把他的诗歌与国家的命运紧紧地结合在一起了。

在以后的四十多年里，鲁兵将这些时断时续创作的旧体诗累积编成了诗集《小诗自咏》，共计百余首。1981年《上海文学》刊出了鲁兵的组诗《山行集》，鲁兵同时谈了他对旧体诗的看法："诗之新旧，并不在体之新旧，写景、叙事、述怀、抒情，其体虽旧，苟有新意，呼之新诗，可乎？"他认为新体诗如果句句落套，念起来照样味同嚼蜡，旧体诗如能独辟蹊径，仍然能给人以无穷的回味。他认为中国的旧体诗，因有几千年的丰富底蕴，如运用得当，往往能用更精炼的笔墨，表达博大的内容和深邃的意境。所以关键不在于形式的新旧，而是能否出时代之新，并经得起严格的审美要求的检验。

白居易有句话："文章合为时而著，诗歌合为事而作。"圣野觉得，鲁兵忠实地实践了诗歌创作的这种优秀的现实主义传统，他总是要到所郁积非吐不快的时候才动笔，从来不屑为写诗而写诗。当"风雷动十月，旌旗讨四霸"的时候，"人民久积愤，一泻在笔下"，他才写了大量的旧体诗。可以看出，他是把诗作为"披挂上阵的武器"的。鲁兵主张"画家要有李逵的风景，铁牛蛮劲，旋风气势"，"赤条条的浑无我，黑凛凛然直似牛"。鲁兵这些掷地有声的警句，活生生地展现出一个诗人气吞山河的广阔胸怀。

著名学者、老作家钱锺书先生在致友人的信中曾赞誉鲁兵的旧体诗"如疾风忽来，生气远出，其论画七律，谓须有李逵胸襟，颇可疑以自评其诗"。现代作家、教育家叶圣陶先生多次复信鲁兵，称之为诗能"自抒其意趣与兴味，不务模仿与依傍"，"非信笔随口之作"，又说他"诗不滥作，有作殆必蕴蓄久之，琢磨久之，而后成篇"，这些都是一些十分贴切的见解。

鲁兵十分热爱生活，兴趣爱好广泛，对古典文学、书画、戏剧等都有浓厚的热

鲁兵和圣野,一对老朋友

情。他的旧体诗像一幅幅风趣横生的幽默画,又像一个个犬牙交错的棋局,看了能唤起无穷的回味。他把颇为广泛的艺术爱好,一一熔铸在五言、七言的诗句中,你可以从他的题画诗、游仙诗中,寻找到他的创见,他的呼吸,他的追求,他的眼泪和欢乐。

"一生爱入名山游",鲁兵又是个山水迷。他对祖国的山山水水,爱得是那样的深沉,足迹所到之处,他都会留下清丽的诗句。他曾怀着极大的热诚独游黄山:"迎我我已来,送我我未去。陪我我久立,相亲无一语。"寥寥二十字,展示了一个非常宁静恬远的艺术境界。鲁兵的山水诗,句句有我,句句忘我,无一语依傍古人,无一语套袭今日。鲁兵凭着自己的真情实感,独来独往于天地之间,因而能独得山水诗的神韵。

鲁兵在85岁高寿时因病去世了,直至今日,每当圣野想起他,想起与他一起在西子湖畔编辑《中国儿童时报》的岁月,心里还是感到特别的难过。

第四章

黑暗世界诗呐喊

> 诗人愿做啄木鸟，
> 尖嘴有如解剖刀，
> 对付害虫不留情，
> 期待绿树长新苗。
>
> ——圣　野

在浙江大学学习的日子里，圣野和鲁兵都是属于思想进步的活跃分子。当时他们和一些爱好文艺的同学，在外西湖18号成立了进步文艺团体明湖社。同时还定期出了文艺墙报《明湖》，主要是和国民党的"三青团"办的壁报对着干的。1946年下半年，欢迎迁至遵义的校本部同学归来，明湖社这些社员，大都参加了浙大外文系戏剧班。在迎新晚会上，他们演了在遵义演过的剧目《君子好逑》《少奶奶的扇子》等。

由于圣野有办《明湖》墙报的经验，受戏剧班委托主办了文艺墙报《长绿树》。这个墙报，文章和诗歌的内容具有强烈的战斗性，且短小精悍，涌现了张锡昌、孙恪鋆、斯民、鲁兵、圣野、李旦、微远、何师曼等一批爱写散文、杂文的作者群，有时还插点漫画。鲁兵不仅在《长绿树》上登过的漫画，还常在当时有影响的《文汇报》上刊发出来。

戏剧班里有个笔谈会，一本厚厚的笔记册，它像友谊的火把一样常在同学之间快速地传送。有心里话大家说，这是个发扬民主的畅所欲言的园地。一个学期下来，所有同学都可以轮到谈一至两回，如有精彩的言论，就推荐到《长绿树》上刊出。

戏剧班的主要成员，是浙大外文系和师范学院英语系的同学，亦吸收一部分中文系和其他院系的文学爱好者参加。如微远（黄薇遗）就是读医学院的。戏剧班成员和"艺专"同学、"杭高"同学及《天行报》《中国儿童时报》《当代日报》等报刊的关系很密切。张君川老师住在罗苑，不仅是戏剧班搞演出活动的指导老师，亦常给"艺专"当戏剧导演，曾指导演出过高尔基的《夜店》。戏剧班的同学杨孔娴、唐达聪、圣野、王名鼎等都参加了跨院校的进步文艺团体夜天学诗会，与"艺专"不少同学如何志生、李伏雨等，曾在浙大后来被命名为"子三广场"的空地上联合召开过一次大型诗歌朗诵会，诵读过艾青的《火把》、李旦的《同情像一个海》《我骑着童话的白马回来》等，取得很好的朗诵效果。

在遵义时，在杜苕主编的文学期刊《黎明》上写过诗的杨孔娴（笔名卡斌），曾在秘密状态下悄悄编过《求是周报》，圣野的诗《断锯小集》，就发在《求是周报》上。为了避免引起敌人的注意，那时出售《求是周报》时，采用无人售报的方式，你想要一份这种报纸，自动付了钱就可拿走。

1947年下半年起，圣野担任了《天行报》所属的《原野诗辑》主编，很多浙大外文系戏剧班同学写的诗，可以快速地发在这份诗报上。戏剧班同学，因为与《天行报》的编辑联系很密切，曾出过一期纪念鲁迅先生的专辑，骆炯的散文《为了前进的纪念》、斯民的散文《秋夜》和圣野的诗《太阳颂》，就收在这个专辑里。

后来戏剧班的唐达聪离校去了台湾，曾带去两期《长绿树》的诗文稿，在他主编的《天南日报》上先后刊出，戏剧班的《长绿树》在1948年竟然出了台湾版，使圣野为《长绿树》写的朗诵诗《种树的行列》，得以保存至今（五十年后唐达聪将保存的剪报寄给了圣野）。在这首诗里，可以感觉到当时戏剧班的同学跟着时代前进的脚步声。

在浙江学习期间，圣野也曾创作过一些感情类的纯文学作品，散文诗《感情的花朵》就是其中一例。这篇作品曾被当时担任浙江大学师范学院写作课教学的陆维钊先生打了75分。陆维钊先生是著名的语文教育家、书画家，担任过国学大师王国维的助手，也与上海的一些语文教育家、作家联手编过大学的语文教材，在当时属于大学语文教育的权威人士。圣野觉得自己的作品被权威低估，有些不服气，就把这篇散文诗十分自信地寄到了时任《新民晚报》副刊《夜光杯》编辑的胡里（刘岚山）先生的手里，想不到即被当作极具特色的作品，被冠以醒目的边框在副刊的头条发表了。其实，对一篇文学作品有不同的看法实属正常，晚年的圣野先生很惋惜当时未和陆维钊先生作进一步的沟通，说不定也能得到一些教益。

1947年上半年，当时的社会民不聊生，十分黑暗，国民党反动统治已处于崩溃的边缘，圣野的作品为反映这个社会现实，作品也越写越有战斗力。他给上海《新民晚报》的《夜光杯》副刊投稿，寄去了具有鲜明政治倾向的短诗《苦讯》《他睡》等，得到发表后，又再接再厉给《夜光怀》陆续寄去了不少散文和讽刺诗，矛头直指当时黑暗的社会现实和蒋家王朝。

1947年8月，圣野以"旗社"名义，在他爱人方彩香的弟弟、后来投奔广东人民游击队东江纵队的进步青年方北寒等亲友的赞助下，在杭州出版了他第一部诗集

1947年8月，圣野以"旗社"的名义，在杭州出版的第二部诗集《啄木鸟》的封面

《啄木鸟》。诗集中所收入的作品，基本上都是他在1946年至1947年先后在《中国儿童时报》、上海《新民晚报》副刊《夜光杯》上发表的作品，包括《小我集》《感情的花朵》《红叶》《声音》《饥饿集》《刺猬集》等六小辑，前四辑是抒情小诗，后几辑则为讽刺歌谣等。

诗集中的《清道夫》《更夫》《啄木鸟》《向日葵》等四首小诗，原来刊登在《中国儿童时报》1947年元旦的新年号里，按圣野在《追求与探索》中所表述的创作动机，主要是为了表达"我心中的爱和憎"，也就是为了表达对劳动人民的同情和对敌人、对黑暗社会的憎恶。他在《啄木鸟》中写道：

我
拿着解剖刀的
我
树林的医生呵

笃，笃，笃
剖得更狠心些吧
损害树的毒虫们
是躲它心深处的

这首短诗以树林医生啄木鸟的口吻，用了一种对"损害树的毒虫们"的极其憎恶的情感，发出了有"笃、笃、笃"声响的"剖得更狠心些吧"的诅咒，并且要坚决、彻底地剖到"躲在它心灵深处"的"融"。"损害树林的毒虫"指的就是当时社会最黑暗、最丑陋的东西。全诗的每一句，都是直接表达了诗人对"毒虫"的憎恶感。这些作品反蒋锋芒毕露、语言尖锐明快，与收入集子的《礼貌国》《礼仪廉》《三个梦》《印钞机谣》等民间歌谣构成了一连串射向国民党黑暗统治的子弹，形成了十分强劲的战斗力。

说起诗集中的《礼貌国》《礼仪廉》《三个梦》《印钞机谣》等民谣的创作与收集，圣野是花费了很大功夫的。当时日益高涨的争民主、争自由的呼声响彻在国统区、浙大校园，圣野在杭州的《浙江日报》副刊《江风》和浙大《求是周报》副刊《声音》等发表了一系列揭露社会阴暗面，讽刺蒋家王朝的短诗。同时他也很快地把这种反蒋思想倾向带到了儿童诗的创作之中。1947年7月6日他在《中国儿童时报》的副刊上发表了以嬉笑怒骂方式为特点的"马凡陀式"讽刺诗《礼貌国》，以反对美国继续用飞机大炮扶植蒋介石政权。这首讽刺诗，也是一首小小的童话诗。诗人用十分生动的描写，刻画了奴仆"礼貌地"跪倒在"似乎头上有个光圈，带大礼帽"主子的脚下，心甘情愿地叩头，甚至不惜"叩平他们的额角"的丑态，揭露了礼貌国、礼貌家们实际上是美国扶持下的傀儡的本质。由于全诗沿用了"马凡陀式"的讽刺诗的手法，即通过一定的形象、故事情节来表达讽刺含义，或许一开始只能读出一些幽默的讥笑，但只要稍加思考，便可悟出其内在所迸发出来的极具杀伤力的辛辣。

《礼仪廉》《三个梦》《印钞机谣》是圣野在紧张的学习与创作之余，利用寒暑假去浙江的一些农村地区采风中，从民间挖掘出来加以改编而成的。圣野在《礼仪廉》中写道：

礼仪廉
低出身
当初是个包打听
这里杀人放火
那边拆桥填井
凭了主人的势道
敢闯大祸胆包天

礼仪廉

懂"亲善"
离了发妻娶美姬
刮来法币换美金
是美记的是他皇亲
有美金的是他大人

人人说起礼仪廉
汗毛竖起鼻子掩
挂了名义十数
熟读官经百篇
别笑他无"耻"
他倒是个财神

这首诗最初发表在由焦煤主编的《老百姓》杂志上，它比之前同样是"马凡陀式"讽刺诗的《礼貌国》写得更为直接。诗中所刻画的人物，"低出身"，当过"包打听"，曾经"杀人放火""拆桥填井"，还"离了发妻娶美姬，刮来法币换美金"，"挂了名义十数"等，这些要素可以让当时的读者轻而易举地判断出针对的是谁。这首讽刺诗在表现上与《礼貌国》稍有不同，《礼貌国》的讽刺意义是通过对具体的故事情节的描写自然显现出来，具有一定的隐蔽性，是暗写。而《礼仪廉》虽然没有指名道姓，但由于其描述的人物的经历要素，有着广泛的公知度，而且在描写的过程中还不时地直接点对"他"进行讽刺，如"是美记的是他皇亲，有美金的是他大人"，"别笑他'无耻'，他倒是个财神"，采用的是一种明写，可以说把当时属于人民公敌的蒋介石揭露得体无完肤。

和《礼仪廉》一起收集来的还有题为《三个梦》的歌谣。《三个梦》的整个内容结构并不复杂，说的是一个考生走进梦的考场时，竟被"主考"以"又穷、又贼、又残废"的漫骂性的理由踢出，深刻地揭示出当时劳动人民的地位是如此的低下，反映出人与人的极不公平的社会现实。歌谣的语言直接采用民间口语，如"几钱几分几厘几""几尺几寸几分几""几点几丝几毫几"，尽管是在严厉痛斥社会的罪恶，但也能吟出其中的风趣。

《印钞机谣》产生的影响则更为惊人，歌谣通过描绘当时的国民党统治时期，大肆印发钞票而求度过极端通货膨胀危机的卑鄙行径，痛斥这种做法是不讲信用，危害百姓，是搜刮民脂民膏，让人民"从饱肚皮到饿死"的大损招，并且以"人民都死光，看你怎么办"的反话，预示印钞机的主人即将灭亡的趋势。这首歌谣每段的亮点都采用相同节奏的相反的语词,如"白的进去/花的出来","人民进去/骷髅出来","信用进去/强盗出来","从主摇到奴/从有摇到无","从享福摇到吃苦/从饱肚皮摇到饿死",对比十分鲜明。整首歌谣言中带怒,怒中带骂,骂中有侃,侃中有趣,趣中有泪,最后形成说不完、道不尽的印钞机中蒋家王朝罄竹难书的罪恶。这些从民间收集,又经过圣野重新编写的歌谣,新中国成立后被辑入杭州市文化局主编的《革命文化史料》中。

诗集《啄木鸟》出版后,立即在文学界、社会上激起了一阵阵反响。首先作为圣野诗歌的赏识者,刘岚山先生用"方才"的笔名,于 1947 年 8 月 20 日在《新民晚报》的显著位置发表了他的评介文章,对《啄木鸟》给予了积极的肯定,指出《啄木鸟》真正的价值所在:就是诗人在他的作品中反映了社会现实,把一种最纯正的思想情感带给了读者,而这一切都是用具有个性的艺术方法把它给表现出来。他还通过诗集中《黑手会》《清道夫》两首诗,将诗人在艺术上的表现特点概括为"形象""语汇是够新鲜有力的",这对刚出了第一本诗集的圣野来说是个很大的鼓励。

当然刘岚山先生对圣野有的作品中暴露出来的"几近玩弄文字的东西"也提出了批评,被批评的是《云间的祝福》《檐洞的对话》两首抒情诗。其中《云间的祝福》是这样写的:

  白云小姐
  云朵般走着
  一会儿过去
  一会儿来
  我们好像是
  飘在云间

  白云的墙
  白云的摆设
  白云美丽的园圃呵
  而你是
  忠实的园圃的
  栽培的
  园丁

  你脸上的

圣洁的笑百合
一朵谢了
又一朵
为我们开起
你是送花来来
不
送慰安来的

一次贴切的访问
一次最好的营养
一株萎弱的小草
马上会挺起来了

呵，白云小姐
当我们走了
我们带走
一个健康的身体
但把什么
留下给你？

  刘岚山先生之所以会认为它有"几近玩弄文字的东西"，可能是由于该诗的内容不够精炼，语言反复过多，节奏过于缓慢，这个批评有一定的道理。但这毕竟是一首少年抒情诗，采用的是纯自然的心语，可以想象得出，圣野在构思这首诗之前，肯定无数遍地观察过白云，大自然中白云的一切都深深地印记在他的脑海里，所以也就自然而然地形成了这种语言节奏，反过来说，正是由于这样的同语反复，让我们也自然而然地进入到与白云的对话之中，对其中所表现出来的圣洁的气氛、白云小姐的奉献精神有了发自内心的感动。如果把这首诗与当下同类的一些校园抒情小诗相比，发现其艺术表现手法，特别是他的语汇、行文节奏还是让人感到那样的新鲜、那样的浪漫。这说明圣野当时的创作还是多元的，有些透着童趣与新意的小诗一时不为沉浸在火热斗争中的评论家所认可，也是很正常的。

  1948年4月，圣野曾到上海看望刘岚山。刘穿着十分朴素，他送给圣野一张个子又高又瘦的全身像。圣野问他："我最早给你寄稿时，你并没有告诉我你是谁。我一个普普通通的大学生，为什么你用了我那么多的稿子，有时还把我的散文诗放

1947年,《新民晚报》副刊《夜光杯》的编辑刘岚山

在副刊第一篇呢?"刘岚山默默地笑着,淡淡地告诉圣野:"我们看稿时,只看稿子,不看名字。"这是一句多朴素,多真诚地回答呵!刘岚山在圣野诗歌创作刚起步时,热情地推了他一把,为圣野年轻的诗走向外省市、走向全国打开了道路。新中国成立后,刘岚山担任了人民文学出版社的编辑部主任,以后的多次会面中,刘岚山告诉他,当初诗稿的终审人是著名诗人袁水拍,那时他正热心于在报刊上写他的《马凡陀山歌》。

《啄木鸟》也引起了当时在上海主编《诗创造》的臧克家先生的关注。由于圣野过去曾给《诗创造》寄过诗稿,并且得到发表,所以当《啄木鸟》出版后,圣野马上给该刊主编臧克家寄了过去。臧克家收到后,马上给圣野回信,对他在作品中"所反映出来的那些认真求索的现实主义倾向"作了非常热情的肯定,并鼓励诗人"用诗歌作为武器,做一个真正的战士"。同时臧克家对圣野的部分诗作"写得浮光掠影,不够扎实,多少有一点点小资产阶级情调"也提出了诚恳的批评。不用说臧克家先生所批评的就是诗集中的一些抒情小诗。

这是一个在非常时期的诗歌创作观,当时绝大部分进步诗人都是把创作观与革命的思想观紧紧地联系在一起的,也就是文学服务于政治,因而把那些作品中属于

1992年圣野去北京拜访臧克家先生

浪漫主义的情感统统归类于小资产阶级阶级情调的表现,尽管圣野对臧克家的意见表示"对我进一步写好匕首和投枪的诗,无疑起重大影响"(《沉痛悼念忆诗友——怀念诗坛泰斗臧克家先生》),但从他以后创作的作品中可以看出,圣野对自己所追求的诗歌风格还是有所坚持的。

新中国成立前圣野虽然与臧克家有过多次通信联系,但一直未曾谋面。直到四十多年后的1992年,圣野才有机会见到臧克家先生,他应邀去北京的臧克家先生家里做客,大门口挂着"限谈五分钟"的牌子。臧老看见圣野这个1947年写过《啄木鸟》的小师弟,回想起当年给他写信的情景,以及圣野和鲁风、林宏、田地等人的亲密交,一时兴起,一谈就谈了半个多小时。陪圣野同去的,还有诗友应乃尔和摄影家孙振宇,谈到兴高采烈时,频频亮起了闪光灯。臧老把圣野当诗友,在他的笔记本上,用毛笔题了这样几句话:"四十年前,我是中年,你是青年,而今你我都成了老友。"谈着谈着,臧老兴奋得站起身来,在郑曼夫人的陪同下,陪圣野到赵堂子胡同15号门前的小路上,边走边谈,散了一会儿步,郑曼老师告诉圣野,今天太难得了,臧老不仅破了五分钟的接待常规,也是他敞开心扉,谈得最最高兴的一天。当时圣野没有认真记下臧老会见他的那个不平凡的日子,只记得在他的签名下面,写下"壬申五月"这样几个字。

也就是在《啄木鸟》出版后,浙江大学学生自治会的进步内刊《求是周报》,

主动刊发了选自《啄木鸟》的四首诗，为《啄木鸟》造势。1947年上半年，浙江大学邀请进步作家骆宾基来作演讲，大家认真地听他讲了萧红和萧军的创作经历，以及他写作《萧红小传》的情况。这使圣野对鲁迅喜欢的几位年青作家有了更多的了解。平易近人的骆宾基，看了圣野正将出版的诗集《啄木鸟》中《小我集》的原稿，马上把复旦大学编《学生新报》的王鸿卿介绍给了圣野，于是圣野就和他亲密地通起信来。在圣野的印象中，写长篇小说《混沌》的著名作家骆宾基，年轻时候的性格也像是燃烧着的一把火。

与著名评论家、诗人的评价相映衬，《啄木鸟》出版后得到了广大读者的热情赞扬。1947年10月杭州的《大同日报》发表了读者庄村的来稿，庄村用以诗评诗的方法写道：

> 一个年轻的射击手
> 向我们所仇恨的……
> 射击着
> 射击……
> 不是用枪
> 而是用石子
> 你，没有固定的据点
> 在这里
> 钉上几个
> 又跑到那里
> 钉上几个……
> 你打得一手
> 好漂亮的游击战呵
> 而你的每一粒石子
> 都击中
> 敌人的要害了
> 不是叫他皮破血流
> 就是叫他摔倒……
> 在没枪的日子
> 我们正需要
> 这样的歌手
> 也正需要

这样的战斗呀

圣野并不知道庄村是谁，但当时看了这样的诗，心里热乎乎的。他感谢那些在同一个战壕里，默默伸进来援手的人。为了同一个目标，拿着枪杆，拿着笔杆，在战斗着的人，何止他们几个！所有这样的呼号，都不是孤立的，都是互相支持的。

第五章

灯笼雨点蔚新风

> 小灯笼，闪闪亮，
> 妹妹提灯走上天。
> 提灯大会真热闹，
> 童心烂漫耀诗坛。
>
> ——圣 野

1947年11月，国民党反动派开始在浙江大学逮捕进步青年学生，圣野在杭州参加的一个进步文艺团体也有两个成员被捕。在这白色恐怖下，圣野和鲁兵的处境十分危险。国民党"三青团"的学生特务经常通过各种方式打听他们的动向，有时外出时身后少不了有"尾巴"跟踪。为了避免不必要的牺牲，鲁兵转移去了上海，圣野也在党组织的关心下离开杭州，到反蒋群众基础较好的杭州边缘的临安天目山乡村躲避。本来是想躲几天，想不到时局一直未有好转，圣野在那里一住竟住了好几个月。

美丽静谧的天目山乡村景色，让圣野的心从热血沸腾开始趋于平静，他开始反思参编《中国儿童时报》时积累下的儿童诗方面的创作理念，特别是五四以来胡适、郭沫若、冰心、叶圣陶、俞平伯等名家从美丽的大自然和儿童生活中撷取题材，童心浪漫主义的诗风，让他萌发出了跃跃欲试的想法。正巧住处隔壁的人家有个六七岁的小女孩，天真烂漫，十分可爱。圣野与她朝夕相处，虽然话语不多，却建立起了很深的感情。于是就以她为原型，并结合自己童年的回忆，陆续写下了二十多首童诗，寄到上海、杭州等地的报刊杂志发表，后来又集结成童诗集《小灯笼》于1948年6月由杭州的小草丛刊社出版。

这些在临安避难时期创作的童诗的题材十分广泛，有写劳动的，有写友谊的，有写爱憎的，有写饥寒交迫的国统区人民的苦难生活和对解放区的向往的，还有的写孩子们勤学好问的优良品质，以及小妹妹对大自然美的欣赏，其中最主要的还是突出了自然美的艺术教育。圣野认为，这种美感教育对于陶冶儿童优美的情操和崇高的品质，无疑是有好处的。在这个创作理念的驱使下，他对儿童诗在表现形式作

1948年6月,圣野的童诗集《小灯笼》出版

了新的探索。于是诗集《小灯笼》里从大自然里撷取儿童浪漫想象的作品占了绝大部分,在表现方法上也摒弃了过去激烈的情感爆发式,而是采用了与儿童认知能力相吻合的亲切、优美的儿童本位语言。如《小妹妹醒来》:

> 太阳最先醒来
> 太阳叫醒云
> 云叫醒风
> 风叫醒树木
> 树木叫醒鸟
> 鸟叫起了妈妈
> 妈妈起来做豆腐
> 小磨唱的歌
> 叫醒了小妹妹
> 小妹妹跳下床
> 打开了窗子
> 欢迎起早的太阳

这首儿童诗首发在 1948 年 5 月第 23 期的《儿童知识》上，被编入《小灯笼》后作了调整。原作中的"鸟叫起了哥哥/哥哥起来驾铁牛/吐吐吐，吐吐吐/铁牛唱的歌/叫醒了小妹妹"改成了"鸟叫起了妈妈/妈妈起来做豆腐/小磨唱的歌/叫醒了小妹妹"。这首诗是圣野诗歌创作的一个转折点，他已不再执意地强调诗中应表现出来某种进步的思想意义，而是将目光转向了大自然，也就是说将儿童的心理想象与美丽的大自然相结合，"让孩子从作品的诗情画意中，得到一份艺术的享受（《追求与探索》圣野）"。基于这个认识，诗的内容与表现形式可谓是独具匠心，从这幅富有动感的乡村清晨画面里，诗人通过顶真的修辞手法，即把每句最后一个词作为下一句的开头的连环手法，将太阳、云、风、树木和妈妈、小妹妹联结起来，不仅描绘出了大自然的美，而且还从中表现出劳动的欢愉与母爱亲情。

《捉迷藏》是《小灯笼》中的代表作，诗人写道：

　　风和小妹妹
　　捉迷藏
　　小妹妹问风
　　藏好了没有？

　　呆了好一会儿
　　没有听见风讲话儿
　　小妹妹就从墙角后
　　跳出来找风
　　找来找去找不到

　　忽然嘻的一声
　　风在一株树上笑了起来
　　同时有一张叶子
　　因为站得不顶牢
　　给风一笑笑了下来

　　小妹妹连忙跳过去
　　把叶子捉住
　　问叶子：
　　风呢？

叶子红起脸孔说：
　　我也不知道！

　　作品通过小妹妹和风捉迷藏的故事，反映出蕴藏在孩童心里的一个欢乐世界。按常理说，人们对风的感知是通过它所吹过之处留下的动感痕迹获得的，是不可能被捉住的，而诗中的小妹妹偏和它玩起了捉迷藏。这个拟人化的创意从表面上看，似乎傻得有些可笑，但诗人就是抓住了这个可笑，甚至可以被理解为错误元素来构作儿童诗的独特内容。小妹妹的"傻"就是她的可爱之处，这种天真烂漫、充满艺术想象的儿童情趣和现实生活的儿童心理十分吻合，写出了儿童诗与成人诗不同的本质区别，说明诗人已经开始尝试用童趣来表现童心，并取得了成功。

　　同时，诗的语言平白朴实、生动有趣，尤其是对小妹妹、风、叶子之间的会话、表情、动作的细腻描写，如小妹妹从墙角后"跳"出来"找"风；"嘻"地一声，风在树上"笑"了起来；有一张树叶没站稳"掉"了下来，小妹妹连忙"跳"过去，把叶子"捉"住；问叶子，叶子"红"起脸回答……这一连串的动词，把整个捉迷藏的过程写得生动活泼，充满童趣，欢乐之情已不分诗里诗外，在有捉迷藏经历的小读者心里荡漾开来。

　　作为诗集名的作品《小灯笼》更是将这种极富童心的浪漫想象推向到了极致，诗中写道：

　　吃晚饭的时候
　　天上出现了许多星星
　　说是天上的小灯笼

　　小妹妹仰着头
　　看呀，看呀
　　忽然看见有颗星
　　脸色发白的跌下去
　　只跌了丈把远
　　就不见了
　　小妹妹着急地问：
　　为什么，为什么
　　一盏灯笼都提不牢？

小妹妹正想不通
　　看见远远离地一点高
　　也出现了许多会动的灯笼
　　小妹妹找了把扇子赶过去
　　赶过去
　　终于把其中的一个捉住
　　原来是一个怪好玩的小虫

　　小妹妹让小灯虫
　　住进一支透亮的麦秆里
　　带回床上来睡觉
　　小灯虫一暗一亮
　　像一支神秘的催眠曲
　　小妹妹看了几下
　　眼睛再也睁不开来
　　便睡着了

　　梦里的她
　　就提着这盏轻便的灯笼
　　一脚一脚走上天去
　　去参加怪热闹的
　　天上小朋友的提灯大会

　　诗中小妹妹将看到的流星与灯笼、萤火虫串联起来，编织了一个夏夜的美丽联想。整首诗的比喻十分恰当、独到，抓住了各个喻体之间亮光这个共同点，而且赋予了它的动感，流星变成小灯笼，小灯笼变成萤火虫，萤火虫又变成了小灯笼，最后小妹妹梦见自己提着"这盏轻便的灯笼"，去参加"天上小朋友的提灯大会"。每一次想象上的转化，都给我们带来了一种美的惊喜，尤其是对小妹妹心理活动的描写，可谓十分细腻生动，如当她"忽然看见有颗星/脸色发白的跌下去"，不禁着急地发出了"为什么，为什么/一盏灯笼都提不牢？"的疑问，小妹妹表面是在责怪，实际上是在为坠落的星星担心，善良的心一下子就凸显出来了。同时诗的语言完全采用的是自然直白的口语，描写生动，用词精到，星掉下去时"脸色发白"，贴切地写出了生命陨落前的表情，小妹妹"一脚一脚"走上天去，给人带来了一种朦朦胧胧的感觉,把小读者也彻底带进了诗的睡梦中。星、小灯笼、萤火虫都是儿童文学作品中热门的描写对象,像圣野的《小灯笼》这样富有优美想象与艺术表现力的作品至今还不多见。可以看出,诗人在从大自然中发现美、形成优美想象的过程中,始终不忘与现实生活中的儿童心理特征结合起来,并把它作为取材的源头,加以艺术的改造,使之成为儿童诗独特的内容主题。

圣野的儿童诗集《小灯笼》的问世,给当时中国儿童诗创作带来了一股新风,它标志着我国儿童诗作家在创作理念上发生了很大的变化,虽然当时并没有直接提出"美育"一词,但圣野美感教育主导下的创作实践,实际上已经为"美育"作了具体的诠释,这对扩展儿童诗创作的内容题材,发展、丰富儿童诗的阅读主体的个性来说,是极有好处的。《小灯笼》标志着圣野对儿童诗创作的思想与艺术上的思考已渐渐走向成熟,并显现出自己独特的个性,在中国现代儿童诗创作史上留下了令人瞩目的一笔。

在不断从圣野的笔下涌出的童心浪漫主义诗作群里,最令人瞩目的要数《欢迎小雨点》:

1955年3月,在陈伯吹先生的关心下,圣野的童诗集《欢迎小雨点》由少年儿童出版社出版

来一点，
不要太少。

来一点，
不要太多。

来一点，
小蘑菇们撑着小伞等。

来一点，
荷叶站出水面来等。

小水塘笑了，
一点一个笑涡。

小野菊笑了，
一点敬一个礼。

  这首写于1947年的儿童诗通过小雨点来的时候，小蘑菇、荷叶、小水塘、小野菊欣喜迎候的场面，表现了孩童间纯洁无瑕的亲密友情。诗中的小雨点是被诗化了的小天使的象征，它来自圣洁的天堂，活泼可爱而且不多不少，恰到好处，所以受到"小蘑菇撑小伞等"，"荷叶站出水面来等"的礼遇。全诗如同在展示一幅静谧淡雅的江南景色图，在小水塘"一点一个笑窝"，小野菊"一点敬一个礼"里，一种只有儿童才具有的天真、纯美的情感，在静中有动、动中见静的描写中自然而然地展示出来。

  诗人不仅用语浅显，清新雅逸，在句式处理上也颇具匠心，全诗用一个"一"字来把握诗的节奏。这个"一"字，从表面上看似乎是内容结构上的连接，实际上是一种不紧不慢的内在情感节奏在推进，这种情感节奏与诗的韵律相结合，呈现出缓缓的抒情格调和或隐或现的音乐特征，亦诗亦歌，十分便于吟唱。《欢迎小雨点》集中体现出圣野儿童诗的简洁、清新、活泼、抒情的创作特点，并以其对儿童心灵的独到表现和高超的艺术水准，为现代儿童诗美学理论的研究提供了具体的作品范本。

  著名儿童文学评论家、编辑陈子君先生在《中国当代儿童文学史》中称圣野的诗"清新可咏""婉丽俊秀"。在具体谈到《欢迎小雨点》时作了这样的评价："这是一首取材于大自然的诗篇，大地上的小生命们对于雨点的热切、喜悦及殷殷的欢迎之情，表现得相当生动。诗中一幅幅恬静而又富于动态的小画面，给人以生机盎然的感染，造成一种令人神往的童话境界的空灵和瑰丽。实际上，小蘑菇、荷叶、小水塘、小野菊，无一不是纯洁无瑕的孩子的心灵写照。"

　　毋庸置疑，《欢迎小雨点》无论从它的思想内容和艺术表现手法都应称作为中国现当代儿童文学史上的杰作，但是它和圣野的其他一些作品真正走红儿童文学界，在小读者们中间产生巨大影响，应该是1955年，当时圣野怀揣着一叠书写工整的诗稿来到上海，走进被誉为我国儿童文学摇篮——少年儿童出版社，接待他的是一位温文儒雅的中年编辑，当他得知眼前这位中年人就是《小朋友》杂志主编陈伯吹先生时，敬仰之心油然而生。

　　陈伯吹先生是我国著名儿童文学作家、教育家、翻译家、出版家，在儿童文学界享有极高的声誉。新中国成立前，陈伯吹先生从黎锦晖和吴瀚云先生那里接办了《小朋友》杂志，从重庆一直办到上海。那时他除了编辑《小朋友》杂志之外，还编了《大公报》的一个副刊《现代儿童》。陈伯吹先生是一个非常慈善、非常厚道的老前辈，他在办报刊的时候，非常关心作者和小读者，那时的圣野才十八九岁，在大学里念书，生活经验、创作经验都很缺乏，但陈伯吹先生对他们这些初出茅庐的小青年非常敬重，他在信里都是尊称圣野他们为"先生"，把他们当作后起之秀看待。圣野给《小朋友》杂志投去的稿子，从来没有收到过退稿信。这样的信任、这样的鼓励，使圣野这个青年学生感到无比的温暖，所以圣野对陈伯吹先生是怀着一份感恩之心的。当时圣野的生活极其困难，爱人方彩香因生活所迫放弃了简易师范读书的机会去做临时工，收入很少，难以糊口。怎么办呢？圣野把自己的情况和陈伯吹先生说了，说自己愧做一个父亲，虽然生下了两个孩子，但没法养活他们。从这以后，圣野寄来的稿子，陈伯吹总是先预支稿费给他，那时《小朋友》杂志登一篇文章好像是五块银圆吧，是不得了的稿费，缓解了圣野一家人生活上的困难，所以圣野从心底里对陈伯吹先生充满着感激之情。

　　这次，当陈伯吹先生拿到圣野的诗稿后，他没有忙于发表自己的意见，而是把书稿交给一个编辑小组，具体接受人是任大霖。当时，围绕这本诗稿能否出版，在少儿社内部有两种不同的意见，一种认为这本诗稿写了大自然，写了儿童有趣的生活，给儿童诗领域吹来了一股清新的空气；一种认为这本诗稿有庸俗自然主义倾向，在反映重大题材方面有不少缺点，不能出版。但副社长陈伯吹、总编辑包蕾和编辑任大霖坚持认为：这是一本好书，不能简单地把它当成庸俗自然主义的东西，像《欢迎小雨点》《捉迷藏》这样一种写法，过去在中国儿童诗中是很少见的，值得肯定。

经过热烈的争论和酝酿，后来少儿社决定出版这本诗集，同时对诗稿作了修改，精简了其中的三分之一。1955年3月，一本书名叫《欢迎小雨点》的诗集终于与广大小读者见面了。为此，陈伯吹、包蕾、任大霖付出了很大的努力。特别是陈伯吹先生对这本诗集的处理非常冷静，他选择走群众路线，等书出来之后，紧接着写了一篇《中国儿童文学的回顾与前瞻》的文章，亮出自己的观点：说起儿童诗，像圣野先生写的《欢迎小雨点》《捉迷藏》等，叹观止矣。这篇文章把《欢迎小雨点》提到"经典作品"的档次来加以高度评价。陈伯吹先生的这篇文章因观点鲜明，后来被收入当年的《新华文摘》中。

《欢迎小雨点》诗集出版之后，深受小朋友喜爱，并且还成就了一位日后终生奉献于儿童文学和儿童诗事业的诗人——圣野。每每想起当初《欢迎小雨点》出版的过程，圣野先生总是深情地说："那时，我是怀着一种期待的心情来到少儿社的。陈伯吹先生对文学青年厚爱有加，他是在关键的时候帮我一下，虽然他没有跟我谈过一句话，但他通过他的协调和文章，把事情处理得非常完满。他对我的代表性作品《欢迎小雨点》用'叹观止矣'的语言加以肯定，使我感激涕零，心里对他充满着一种感恩之情。"

在陈伯吹先生诞辰100周年的日子里，圣野写下了题为《一颗伟大的良心》的纪念文章。他结合自己经历说："没有陈伯吹先生的关怀，我的《欢迎小雨点》，不可能在解放前就脱颖而出。没有陈伯吹先生的关怀，一个已经有了两个子女的穷大学生，很难安然地度过那些严寒凛冽的冬天。陈伯吹以他慈父般的伟大的爱，以他对儿童出版事业的无限忠贞，提高着中国童话在世界上的地位。他以坚毅卓绝的老骆驼的精神，以自己杰出的示范作品，鼓舞我们前进。他是我们这个时代的良心。"

诗集《欢迎小雨点》中大部分作品，如《小灯笼》《肥皂球》《捉小鱼》和《捉迷藏》等，是圣野在新中国成立前创作的作品，曾发表在《中国儿童时报》《小朋友》等一些有影响的儿童文学报刊上。诗集《欢迎小雨点》1956年被浙江军区政治部评为群众性业余创作一等奖。这在当时属于一个莫大的荣誉，给了年轻的圣野极大的鼓励，让他跨出了人生重要的一步，使他对儿童文学、儿童诗创作更充满了信心和热情。

1956年，苏联出版了一本《中国儿童文学作品选》，选了诗集《欢迎小雨点》中的一首佳作《做完一件，再做第二件》。1957年1月11日和2月15日，苏联《少年真理报》分别转载了圣野先生《欢迎小雨点》中的《手》《肥皂泡》等诗。但到了1958年，少年儿童出版社开展业务思想批判时，《欢迎小雨点》却被当作"修正主义"或"宣扬自然主义"加以批判，这种评价使圣野先生一时茫然不知所措。粉碎"四人帮"后，圣野先生对这个问题进行深入思考后认为，原来对《欢迎小雨

2006年12月,圣野对1955年3月版的《欢迎小雨点》重新进行编选,由湖北少年儿童出版社作为"百年百部中国儿童文学经典书系"的一种出版

陈伯吹先生与圣野共同出席儿童文学创作座谈会

点》的不同争论，问题不在作品本身，而在于1957年以后的极左思潮影响。2006年12月，圣野先生对该书重新进行编选，由湖北少年儿童出版社作为"百年百部中国儿童文学经典书系"的一种出版。自《欢迎小雨点》出版以来，书中有不少佳作被选入中外小学语文教课书和儿童文学名作选中。圣野先生用真情实感写下的《欢迎小雨点》选编本，在千千万万个小朋友的诵读声中广为流传，这使他倍感欣慰。

圣野先生不仅对提携过他的陈伯吹先生怀有深厚的感恩之情，也念念不忘曾经帮助过他的包蕾和任大霖。

圣野曾回忆说，他在新中国成立前虽然与包蕾同志没有直接交往过，但早就从儿童文学圈的朋友那里听说过包蕾的情况了。包蕾原名倪庆秩，曾用笔名叶超。1918年出生于浙江镇海（现属宁波）。他自幼爱好文学，曾就读于复旦大学。1936年包蕾在李公朴先生主编的《读书生活》上发表了处女作独幕剧《释放》。接着还创作了《汤饼之喜》《照章办事》《拿破仑在后台》等剧本。在抗日战争的烽火岁月里，包蕾加入了上海救亡演剧队，后来又参加了上海青年救国服务团，担任宣传部副部长，负责编辑《抗日救亡报》，并用创作的儿童剧，如《谁插的红旗》《小同志》《一条心》《胜利的新年》《犹太人起来》等，在青少年中开展抗日宣传活动。1940年，他将这些儿童活报剧以《祖国的儿女》为题集结出版。抗战胜利后，包蕾一边为上海的一些报纸撰写影评，一边继续从事儿童剧的创作。1947年，包蕾在国民党的白色恐怖中毅然加入中国共产党。他也曾创作过不少成人文学剧本，如《三人行》《青山翠谷》《平步青云》等。

解放后，包蕾先后在少年儿童出版社和上海美术电影制片厂工作，为孩子们创作出版了《小咪和毛线球》《小金鱼拔牙齿》等童话作品。圣野先生初次见到这样一位在儿童文学、电影界享有盛誉的大家，不免心里有些紧张，但包蕾却十分随和地与他商讨起作品的修改问题。包蕾做编辑有个特点，就是在发表自己见解之前，总要先听听作者的想法，这样既能了解作者的写作意图，又能有针对性地提出自己的观点。包蕾所提出的一些意见建议，让当时还属于业余作者的圣野受益匪浅。

后来圣野从部队转业到了少年儿童出版社任编辑，与时任编辑部主任的包蕾的接触更多了。那时，包蕾虽然担任了社内外不少职务，但他始终还是把创作放在第一位，从来就不因为行政管理工作忙而耽误了自己的创作。1962年，包蕾根据阮章竞同志的童话改编的动画剪纸片《金色的海螺》，在亚非电影节上获卢蒙巴奖。粉碎"四人帮"后，包蕾又编写了不少风格新颖的美术片文学剧本，如《画廊一夜》（与鲁兵、詹同合作），《象不象》（与詹同合作），《斗狼记》《三个和尚》等，还出版了童话作品《火茧与金鱼》《三个和尚》《斩龙少年传奇》，美术片脚本《天书奇谭》等等。鉴于包蕾在我国现当代儿童文学史、电影史，特别是美术电影史上所作出的卓越贡献，1980年"六一"儿童节前夕，他荣获了全国少年儿童文艺创作奖荣誉奖。

包蕾是个著名的童话作家、剧作家，又是社里的领导，却没有一点大家的架子，说话幽默，常带笑声，大概正是这样的个性成就了他的作品幽默、风趣的特点吧。与圈里的一些老作家、画家一样，包蕾也十分喜欢喝酒，经常和贺宜、张乐平、鲁兵等凑在一起，在一起喝酒。酒沸话也热，但他从来不曾喝醉过，酒桌上的嘻嘻哈哈里，常可以听到他吐出的"真言"，而"真言"里又透露出他的严肃与认真……

1989年11月19日，包蕾突然病危，等到鲁兵、圣野他们急速赶到医院时，他已经离开了人世。所有熟知包蕾的人都感到十分悲痛。直至今日，每当心静下来的时候，圣野仍然会十分清晰地回忆起包蕾的音容笑貌，念念不忘包蕾在自己成长的道路上所给予的扶植。1994年2月，圣野在《诗刊》上发表了纪念包蕾逝世4周年时写的散文诗《怀念包蕾》，诗中叙述包蕾生前幽默的个性和儿童文学界朋友们的深情厚谊，同时对包蕾的人格、作品给予了高度赞颂。

圣野与任大霖的直接交往要追溯到新中国成立前的1947年。当时圣野在《中国儿童时报》协助编报期间，经常到湖滨南山路上的杭州师范学校去看望任大霖。那时的任大霖已在《小朋友》和《现代儿童》上发表了不少童话、诗歌和散文作品。后来圣野也曾亲耳听到过陈伯吹先生对任大霖的热情赞扬，在陈伯吹先生的心目中，任大霖是一个早有慧心的少年作家。

新中国成立以后任大霖没报考大学，被调到浙江省的团委机关工作，主编一份叫《农民大众》的报纸。他曾主动向圣野约过稿。那时圣野还在部队，到农村搞过土改，根据所感受到的农村儿童生活情况，创作了一些反映农村新貌的儿童诗寄给任大霖，那时的印刷条件比较艰苦，这份《农民大众》还是用绿颜色的改造纸印的，但内容却很有生活气息。

少年儿童出版社成立后，由于陈伯吹先生等竭力推荐，任大霖从浙江省团委调到少年儿童出版社工作，正如上面所介绍的，圣野在少儿社出的第一本诗集《欢迎小雨点》，就是由任大霖任责任编辑的。任大霖醉心于儿童小说创作的同时，也写过散文、诗歌等。当任大霖的幼儿诗《我们院子里的朋友》和他发表于《人民文学》的散文《我的朋友容容》刊出的时候，当时已担任《小朋友》主编的圣野十分喜爱，并把这些作品看成是我国儿童文学的范本，他选了其中的一些内容，刊登在《小朋友》上，受到了小读者们的欢迎。由于任大霖的家就在少年儿童出版社附近，圣野和鲁兵经常到他家去玩。他家的院子十分热闹，活跃着一群爱做军事游戏、爱玩长枪大刀的小朋友,任大霖和他们的关系是完全平等的关系,他笔下的那些儿童形象可能就出自他们。圣野至今还记得,任大霖有一个信佛的非常善良的母亲,对他的性格形成有很大的影响……这些往事虽然都已经过去了半个多世纪了,但在圣野的心里还十分清晰地珍藏着。

第六章

军旅生涯壮歌起

> 投笔从戎去革命，
> 新四军中搞宣传。
> 一路编着《群众报》，
> 喜讯传遍解放区。
>
> ——圣　野

在临安天目山住了几个月后，局势表面上看起来似乎有了一些好转，圣野又回到了浙大，一边学习，并暗中参加一些进步的政治活动，一边继续从事诗歌创作。在这期间他与一些进步诗人又恢复了联系，特别是与公刘的交往比较频繁。

公刘，原名刘咸震，20世纪40年代中期考进南昌的中正大学，此前已在报刊

著名诗人公刘的签名照

1948年，圣野的诗集《列车》由上海星群出版社出版

上发表过诗和杂文。他在《力行日报》上发表的题为《会哭的人和会笑的人》的杂文，风格犀利，锋芒毕露。1947年，圣野在《天行报》上主编《原野诗辑》，他如约给圣野寄来了一些带"火药味"的诗，在诗辑上刊发。

圣野把避居乡间的情况告诉公刘后，公刘怀着义愤，写了首长达八十多行的诗歌《啄木鸟》寄给圣野，圣野又把它寄给地下诗刊《铁兵营》和《武汉时报》的副刊《扬之江》发表。

1948年下半年，公刘离开江西要到香港去。路过杭州到浙江大学看望圣野。那时内地有不少进步文化人士经由上海往香港去，圣野在浙大图书馆里，最爱看的是香港的《华商报》，从《华商报》上可以经常看到这些进步文化人的动态。1949年以后，这些在港的文化人，在党的关怀下，很多都到了广东，参加了广东人民游击队东江纵队。公刘同志也是在这个时候加入了革命队伍，从此圣野便与他失去了联系。

两人直到新中国成立后才恢复了联系。公刘在江西出版《公刘诗选》时，收到圣野抄寄给他的诗《啄木鸟》，才把这首失而复得的诗收进了他的诗集。一次，圣野去上海的延安饭店开会，忽然看到公刘，坐在一起叙旧，他还是非常感谢圣野给他保存过几首曾在地下诗刊上登载过的诗。

公刘是个比较严肃、认真的人，平时不苟言笑，每次在上海见面，互相交谈也不多,但只要圣野用《小朋友》编辑部的名义向他约稿,他总是怀着一颗火热的童心,很快便把稿子寄来,到老未失其赤子之心,这就是圣野和公刘之间有共同语言的原因。

1948年圣野在上海出版了诗集《列车》(上海星群出版社出版),这是他踏上诗坛以来的第三部诗集。与前两部诗集充满壮怀激烈或充满童心的风格不同,《列车》所收入的二十首诗基本上写的都是青春的感受,这种感受有忧郁、有彷徨、有思考,因而显现出一种十分复杂的创作心境。这种诗化了的创作心境,直接构成了他作品中纷繁的主题,让我们从中能看到他当时作为一个进步的文学青年在黑暗中的追求。

在表现青春的忧郁与理想的过程中,《黑夜》一诗则反映出青年人力求告别过去,求变求新的愿望。诗中"痛苦的灵魂"不用说指的就是忧郁彷徨中痛楚的心灵,在"向天亮/尽重复着那个/爱与被爱的梦",说明诗人正挣扎在个人的情感世界里,感到无聊与厌倦,所以在穿衣的时候突然觉得"像穿着一身荆棘/一身的蛇",表现出希望有一种新的精神生活来使自己带来脱胎换骨的变化。这种变化具体是什么,诗里并没有直接道出,但我们从诗人以后的成长轨迹上,却找到了这样的答案,即渴望投身到火热的革命斗争中去,用战斗生活来重新打造自己的人生,来充实和改变自己的诗风。按诗人自己的话来说,他的诗伴随着他的人生正面临着一个转型期。

1949年3月中旬,当圣野送别好友鲁兵离开浙江大学之后,也萌生出参加革命部队的愿望。在西湖艺专的共产党联络人吴健峰(原名吴南极)的介绍下,圣野与其他五位进步青年一起奔赴浙东根据地,光荣地成为金萧游击支队的一员。

说起这段历史,吴健峰真是一个十分值得怀念的人。抗战胜利后,他在西湖艺

圣野(后二)与金萧支队的战友们的合影

专读书，父亲是杭州大喜公司资方代理人。因为从小由奶妈喂养大，亲生母亲对他缺少感情，将他和另外几个兄弟区别对待，连吃饭、睡觉，都几乎与佣人一般待遇，这使他从小就形成一种叛逆的性格。他自从进了西湖艺专后，就住在大喜公司的亭子间里，印传单、画漫画、出海报，把住处变成了一个杭州进步青年地下活动的场所。

1947年夏天，通过艺专诗友何志生（初茵）的介绍，圣野认识了吴健峰。当时圣野想趁放暑假时，找个家庭教师的兼职来维持生计，何志生就将他介绍到大喜公司，教吴健峰的两个刚开始读书的小弟弟。那时杭州的诗歌爱好者，有一个联谊团体叫"夜天学诗会"，曾在浙江大学的民主广场开过热烈的诗歌朗诵晚会，圣野和吴健峰都参加了。

一年后，也是夏天，圣野在城隍山继续给吴健峰的两个弟弟和别的一些小学生当暑期家庭教师，他和吴健峰的友谊也在加深。

圣野一直想像鲁兵那样参加革命部队。一天路过大喜公司，去看吴健峰，悄悄走到他的阁楼上。圣野跟他谈起自己的心思，他竟然很爽快地说："这也不难，你只要再找几个人，一起去，照我开的路单走，包你们在几天之内，就可以找到金萧支队。"为什么他能有这么大的本事呢？当初圣野也不敢细问。从大喜公司出来，圣野急忙去找同行的伙伴。不出几天工夫，就找到了浙江大学外文系的石秉佳（何微）、浙大医学院的吴莲清（江舒）、商务印书馆的顾钧祐（顾大豹）等五人。他们照着吴健峰开的路条，从南星桥码头上了船，来到诸暨的一个埠口，再从那埠口上岸，一路往浦江方向寻找过去，不过三天工夫，果然在杨家宅找到了金萧支队的支队部，向茅以隆（林宏）秘书报到。他们动身前，生怕路上出危险，把吴健峰交给他们的路条烧掉了，牢牢地记在脑子里。

茅秘书把圣野和同去的五人先送到金萧支队的干训班去学习。没多久，没想到吴健峰自己也来了。但他在干训班逗留的时间很短，过不了几天，他又回杭州去，去迎接另外的知识青年来参加金萧支队。新中国成立后，圣野多次去杭州看他，才知道他早就是共产党杭州地下联络站的负责人。为了动员更多有志的大中学生参加革命部队，他曾冒了很大的危险。

在圣野的记忆里，吴健峰是个实干家，新中国成立前曾为浙江如火如荼的民主运动作出过许多贡献。他为大家印传单、送消息，但在公共场合却很少露面。他像一颗螺丝钉，党把他安放在哪里，他就默默地奉献着。为了扩大游击根据地，迎接大军渡江，吴健峰曾动员数不清的像圣野这样的青年到浙东游击根据地去，既充实了那里的力量，又提高了部队的政治和文化素养，为新中国准备了一支朝气蓬勃的年轻干部队伍。新中国成立后他也一直在文化部门任领导，特别是粉碎"四人帮"

圣野与吴健峰的合影

后,他曾负责在文化界享有盛名的西泠印社的工作。对于在解放前这段出生入死的冒险经历,他曾抱病草拟过一个名为《苏堤春晓》的剧本,虽因缺少创作经验难以问世,但他那种为国为民的拳拳之心,一直让圣野难以忘怀。

到了金萧支队后,圣野与小时候的朋友方福仁不期而遇。小时候,圣野到东阳防军日新小学读小学补习班,方福仁也是补习班的同学,因为他家里特别穷,学费是免收的。贫苦的生活,并没有阻止他追求知识的愿望,后来他经过不懈努力从国立英士大学毕了业,到杭州《东南日报》的本市新闻版当编辑。在此期间他接受了革命思想,和杭州地下党取得联系,并参加了农工民主党。因为担任过《中国儿童时报》主编的石云子也是农工民主党的在杭州的领导成员,所以圣野非常乐意到他那里玩玩,可以间接地听到一点浙东游击队在金萧地区的活动信息。

1947年8月,圣野的第一本诗集《啄木鸟》在杭州出版,方福仁就给圣野在他编的"市闻简讯"上发了个简单的消息:"青年诗人圣野所著之诗集《啄木鸟》现已出版,题材现实,真价三千五百元,沪杭各书局均有发售。"

过了一年,方福仁到金萧支队打游击,当了金萧报社的副社长。1949年4月下旬,圣野从金萧支队短训班分配到金萧报社工作,留着大胡子的方福仁来接他,为防不测,特意带了两个手榴弹。在桃岭驻地,方福仁发现前面走来了几个生人,误

圣野与方福仁在金萧支队的合影

以为有了敌情,躲进旁边的树林开始观察。等圣野他们稍稍走近后,才发现要接的人原来是小时候的老同学。

在部队短暂的培训期间,圣野曾给部队的报纸用"大兵"的笔名写了一些通讯和小诗,受到好评。报到以后,为了发挥圣野和陈力萍的特长,方福仁让他们俩包编一张《群众报》。圣野拟文字稿,陈力萍搞美编,一边行军,一边张贴,宣传形势和政策。方福仁对他们很信任,从来不曾具体过问他们的编辑工作,这个"背包上的编辑部",留给圣野许多美好的回忆。

1949年6月,圣野和方福仁在桐庐分手,方福仁后来经过苦读、钻研,成为在史学界颇有影响的明史专家,曾经担任过浙江古籍出版社的负责人,虽然在1957年的"反右"中曾经遭到过挫折,但他还是坚强地挺了过来。

火热的部队生活给圣野的诗歌创作带来了很大的变化,他的诗不再表现在敌占区时的忧郁、苦痛、彷徨、迷惘,而是竭力反映部队战士的精神面貌,歌唱新的战斗生活。最突出的就是发表在《金萧副刊》上的《敬礼》和《写在兴奋的早晨》两首诗作。

敬礼
你漂亮的

理发同志
这一手动作
快极了

我们理了发
真年轻呀
真有劲呀

今天
你起了一个天亮早
欢迎打胜仗回来的老战士

战士的头发长了
在你轻快的剪刀下
格格地笑……

《敬礼》赞美的是部队普通的理发员，选取这样一个普通人作为诗的主要形象加以刻画与歌颂，这在圣野以前的作品中是十分少见的，这说明诗人在部队的生活中与战士们建立起了深厚的革命情感。战士们的一举一动，虽说极其平凡却时刻都在打动他的心，因而他才会写出发自内心的诗句。诗的结构十分简单，开头用"敬礼"直接表达了对理发员的敬意，然后从理发员"这一手动作/快极了"的高超技艺入手，写出了"我们理了发/真年轻呀/真有劲呀"，表现出诗人之所以要歌颂、赞美理发员，是因为他给我们带来了年轻，给我们增添了干劲，这是一个战士对自己精神面貌焕然一新的发现，有着不可小视的精神力量。尤其是在诗的两行句末，都用了一个"呀"，像这种平时只出现在口语中的语气用词，十分朴实地表现出战士的乐观情趣，是诗语生活化的一种表现。为了更加具体地对理发员的工作进行赞美，诗的最后两段写了理发员"起了一个天亮早/欢迎打胜仗回来的老战士"，同时"战士们的头发长了/在你轻快地刀剪下/格格地笑……"将理发员给战士们带来的乐观情趣推向了高潮。

与《敬礼》相比，《写在兴奋的早晨》把革命部队的战斗生活表现得更为具体。全诗通过对战士早晨起床、阳光下的生活场景与开赴战场的描写，如开头的"晚上一觉睡去/早上一觉醒来/我们/一点梦也没有"，"革命虫/没有妨碍过/我们的革命"，写出了战士没有一点私心杂念，把自己全部交给部队，交给革命的纯粹心灵。

接着诗人紧紧抓住战士们即使在吃饭时"吃到了没有菜"这样艰苦的生活环境下，仍保持着"嘿，来一碗/再来一碗……"的革命乐观主义精神。正是由于有了这样的精神支柱，战士们才能积极投身于推翻蒋家王朝的战火中去。后半部诗人则重点描写了战士们开赴战场时的雄伟场面与气势："山/向后面退/一个个小平原/坦开/欢喜的胸脯/向我们/迎过来。""向后退""迎过来"交错相反的描写，写出了行军的动感。最后以"同志们/已经把步子/放得更大更快了/朝向那/升着红太阳的/胜利的方向……"结尾，预示着革命即将取得胜利。

  这里如果我们把这两首反映部队生活的诗与《列车》里的诗做个比较的话，不难发现有了两个明显的变化，一是在内容上不再是那种带有青春忧郁、矛盾甚至是迷惘的个人情感抒发，而是直接取材于革命熔炉的部队生活；二是在表现手法上强调以写实为主，但也不失艺术的想象，当然这个艺术想象再也不是那种"我穿着衣服/像穿着一身荆棘/一身的蛇"的那种纤弱味的感觉，取而代之的是能给人带来精神上振奋的想象，如早晨的"红太阳"，行军途中的"山""小平原""号角"等，抒发出的是一种充满革命理想的战士豪情。可以这么说，部队的生活改变了圣野，改变了他的诗风，使他成了一位名副其实的战士诗人，他用战斗的诗跟随着解放战争的步伐，去迎接革命胜利的到来。也许有人可能会将质朴的风格理解为缺乏文学性的表现，其实这是没有真正地懂读质朴的诗。这两首反映部队战士生活的诗告诉

1949年4月，浙东游击纵队金萧支队张凡政委与支队长蒋明达合影

我们，质朴的诗可以不借助任何出彩的想象，直接用原生态的心理语言来抒发心中的激情，它与浪漫主义风格的作品一样，也属于诗歌艺术的最高层次。

革命部队的生活，不仅使圣野的诗风发生了根本变化，一些战友、领导的思想人格也对他产生了积极的影响。

金萧支队政委张凡曾经是党的"七大"代表，他的个子并不高大，说话的时候，声音有一点沙哑。当队伍集合在一起，他向金萧支队的每一个战士，传达来自党中央的声音，配合大军渡江进行战前动员的时候，有几个调皮的小鬼，喜不自禁，叽叽喳喳，还在开他们的"小组会"，但圣野从来没有听见他摆出支队政委的威风，向听讲不太专心的战士发过一点小小的脾气。他和战士们一样，爬遍浙东的每一个山头。他一生做的千件万件平凡而又琐碎的工作里，就有为平息"山头主义"，平反冤假错案所流出的大量的汗水。他总是义正辞严地实事求是地，站在党和人民的立场上，告诉那些搞不正之风的同志：到金萧支队打游击的成百上千的知识分子，绝大部分都是好的；他们不是"泥沙"，不是"渣滓"，当然，更不是"土匪"！他们是拎着脑袋来干革命的一粒粒闪光的金子！他们没有"野心"，更没有"异心"，有的只是一颗为江南劳苦大众的解放，献出自己一切的赤胆忠心。每当回忆起政委张凡，圣野总会无不感慨地说："张凡同志平凡的一生里，做了一件极不平凡的工作，就是他坚持了一条实事求是的党的'七大'路线。"

浙东人民解放军金萧支队成立至今已有六十多年，以前每年的9月15日，健

1998年12月，在金华著名企业家、金萧支队老战友楼金的赞助下，圣野的诗文集《金萧情》由百家出版社出版

1997年10月,原金萧支队文工队同志与在金部分战友合影

在的战友们都要聚会一次。虽然过去了半个多世纪,有些同志也早已不在金萧地区工作,但那里的山山水水,人民群众的革命热情,同志们的战斗精神,先烈的音容笑貌,仍时时刻刻萦绕在圣野他们的心头。每次聚会,都使圣野的心情分外激动,他写下了一些歌颂战友情谊的诗。他曾有幸两度参加了金萧革命老区访问团,看到老区的人民,在中国共产党的领导下,继承先辈的开拓进取精神,艰苦奋斗,在建设有中国特色的社会主义道路上奋勇前进,迈出了崭新的步伐。

1998年10月,也就是在金萧支队成立49周年之时,金萧支队战友联谊会在金华市委党校聚会。在诗书画展览会上,圣野诉说了一个久藏心中的愿望,想把他入伍以后,写给金萧支队这支英雄部队的诗,以及在多次聚会中抒发战友情谊的篇章,合为一集,正式出版。想不到圣野的这个等了几十年的愿望竟然立即得到金华著名企业家、金萧老战友楼金同志的全力支持,帮助他迅速出版了这部名为《金萧情》(百家出版社,1998年12月)的诗文集。圣野在书的《后记》中深情地写道:谨以回忆当年烽火的篇章,寄托我对金萧战友,特别是光荣牺牲的烈士及其家属的怀念,表达我对金萧革命老区人民无限崇敬的心情。

第七章

改天换地新童诗

> 解放区的天是明朗的天,
> 翻身不忘毛主席。
> 《小雨点》《灯花开》,
> 灯花开出新诗篇。
>
> ——圣 野

新中国成立以后,圣野很想回到杭州、上海去,继续给孩子们编报刊写东西,可是部队文教工作正需要人,就把他留下了。他通过积极的思想斗争,决定让自己在部队里安定下来,抽一部分业余时间,搞一点儿童文学创作。他的爱人新中国成立后在地方党组织的关怀下,很快找到了工作,在部队机关附近担任小学教师,他

圣野在部队时与夫人和孩子合影

解放初期在部队工作的圣野

1952年10月，圣野儿歌集《灯花开》由中国儿童书店出版社出版

们几个孩子也跟着来到了他身边。爱人和孩子所提供的学校、家庭生活，成为他写作儿童诗的主要源泉。

1952年10月，中国儿童书店出版了一套《中国儿童丛书》，圣野的儿歌集《灯花开》、严冰儿（鲁兵）的散文集《小海船》、刘饶民的儿童诗集《写封信儿送前方》等一起作为新中国建国初期儿童文学创作成果的作品推介给了小读者。

这是诗人出版的第一本儿歌集，选入了他从1949年到1952年期间创作的13首儿歌与儿童诗，从内容来看，主要反映的是刚解放的农民和孩子们翻身后的幸福感和对党对毛主席无比感激的心情。这些政治色彩比较浓的儿歌，是那个特定年代儿童文学创作思想的真实反映，也就是说儿歌的内容基本上是与党对少年儿童的教育结合起来，"减租""分地"给劳动人民带来翻身的喜悦和对领袖毛主席的热爱之情。

圣野为什么会对这类题材表现出极大的兴趣，这也是因为他从小生活在一个靠种田吃饭的农家，和儿歌里的勤劳善良的孩子一样，有着强烈的翻身感。这些情感虽然在作品里得到了真实的体现，但政治化写实性的内容、语言在某种程度上成了诗人最明显的创作特征，被作为儿歌集书名的《灯花开》在表现手法上也有简单、粗糙之感。

如果把诗集《灯花开》与圣野新中国成立前的一些极富童心浪漫主义的作品相比，我们就不难发现在内容与艺术表现手法上的巨大反差。那么怎么会形成了这种反差呢？主要有两方面的原因，一是当时刚解放不久，儿童诗、儿歌的创作被纳入了巩固新政权的政治教育范畴，因而其创作的内容题材受到了党和政府文艺政策的导向，带有明显的政治色彩；二是由于过分地强调了以政治为主体的教育性，原本从儿童本身的认知要求出发，讲究儿童心理艺术想象与儿童本位的语言的最基本的儿童诗、儿歌创作理念受到了根本性颠覆，所以创作出来的作品内容上有政治的新鲜度，艺术上却显得生硬与牵强，只能说属于对新儿歌创作的一些探索和尝试吧。

但我们在《灯花开》中的一些作品里，如《剃头谣》仍然能够看到圣野即使在不太适应的政治导向下，还是在执意地表现他对儿童诗、儿歌的独特的理解。《剃头谣》通过孩子剃头对"小铁锹""大西瓜""小围墙""小平顶""小桃红"等发型引申出来的想象，表现出农村的孩子对翻身后美好生活的向往和对领袖的热爱。可爱的发型特征与追求的幸福生活目标、揭示儿歌的思想主题相联系，如"小铁锹"与"哥哥种麦种种豆"，"大西瓜"与"爸爸挑瓜上街卖""小围墙"与"妈妈看住翻身粮"，"小桃红"与"翻身不忘毛泽东"。这种独到的发现，说明诗人十分注重对儿童生活的观察，从中提炼出了朴实而又具有童趣的艺术想象。同时儿歌的韵律齐整，尤其是从基韵"ao"到"ua""ai""iang""ong"的转韵处理自然得当，十分便于儿童吟唱，是当时思想性和艺术性结合得较好的作品。《剃头谣》：

剃头剃头，
剃个小铁锹，
哥哥种麦又种豆。

剃头剃头
剃个大西瓜，
爸爸挑瓜上街卖。

剃头剃头，
剃个小围墙，
妈妈看住翻身粮。

剃头剃头，

剃个小平顶，
家中过起好光景。

剃头剃头，
剃个小桃红，
翻身不忘毛泽东。

就在圣野在部队里一边从事文化宣传工作，一边醉心于儿童诗创作的时候，政治时局发生了变化，一场从文艺论争到政治审判的事件发生了，这就是"胡风案"。"胡风案"是新中国成立后的一场大规模"文字狱"，由于胡风的文艺理论被认为偏离了毛泽东的革命文艺思想，中央将胡风定性为政治上的"反革命"，胡风等人也因此受到审判。这场运动后来波及到整个中国文学艺术界，受到清查、逮捕、隔离、停职反省近三千人。直至文革结束后，中央才在1980、1989年两次分别为"胡风反革命集团案""胡风案"正式平反。

圣野当时所属的部队开始在文艺干部中搞"人人过关"，在无任何证据的情况下就宣布对他进行审查。圣野感到莫名其妙，自己从学生时代起就紧跟共产党，用手中的笔、心中的诗和蒋家王朝对着干，后来参加金萧支队成为战士，怎么一下子成了审查对象呢？后来他仔细一想，党是绝不会错怪他这样一个忠诚的战士的，为了查出隐藏在部队文化干部中的"胡风集团分子"，他甘愿接受一切审查。

正是抱着这样一种对党无限忠诚的信念，圣野对审查没有任何怨言，始终以积极的姿态配合组织调查。经过几个月的内查外调后，组织上不但没发现圣野有什么问题，相反搜集到了他为革命出身入死的一大叠英勇事迹资料，于是就宣布结束对他的审查，令他意想不到的是还给他提了一级的职务工资。不过至今还令人感到费解的是，组织部门为了开脱对他不公的审查的责任，竟在他的档案里写下了"曾受到胡风文艺理论的影响"的结论。这使他在后来的政治运动中都受到了影响，直至"文革"结束，"胡风案"平反后，这个结论才从他档案袋里取出销毁。

政治审查过后，圣野的思想情绪不但没有一丝消沉，反而更加坚定了跟党走的信念。因为他从这段经历里觉得党对自己是信任的，于是就拿出比过去更积极的干劲投入到部队官兵的文化知识教育和儿童诗的创作中去。这时他的儿童诗的创作观又发生了一些明显的变化，他开始探索儿童诗教育意义的内涵，与如何艺术地表现其教育意义。

1960年2月他的童话诗《布娃娃过桥》问世，该作品当时是作为单行本由少年儿童出版社出版的，出版后立即在儿童文学界引起了不小的反响，被认为是中国当代童话诗中的精品。至今《布娃娃过桥》还被收入进各种集子。2012年9月经修改后重新配图入选"中国经典图画书"系列，由贵州人民出版社出版。

布娃娃，
几寸高，
穿着一双小木拖，
格笃格笃往前跑。

格笃笃！
过木桥，
不小心呀摔一跤，
一只木拖掉下桥。

布娃娃，
哇哇叫，
脱下另一只小木拖，
急得格笃格笃敲。

小木偶，
看见了，
找块西瓜皮，
拿来当船摇。

摇呀摇，
靠近桥。
看见小木拖，
还在水上漂，
一把捞起来，
便往桥上抛。

布娃娃，
接住了，
小木偶，

咯咯咯咯笑。

布娃娃说了声：
"谢谢你！"
格笃！格笃！
格笃！格笃！
穿起小木拖，
欢欢喜喜过了桥。

《布娃娃过桥》是一首带有小喜剧色彩的童话诗。现实生活中的布娃娃、小木偶都是作为道具给孩子做玩伴的，诗人在作品中却赋予了它们艺术的生命，把它们作为儿童形象来加以描写。只有"几寸高"的布娃娃可爱活泼，穿着小木拖在"格笃格笃"的脚步声中开始过桥，"不小心呀摔一跤／一只木拖掉下桥"。就在布娃娃着急地"脱下另一只小木拖／急得格笃格笃敲"的时候，小木偶出现了，它别出心裁地把西瓜皮当船摇，将小木拖捞起抛还给了桥上的布娃娃，不用说这首诗的思想主题是歌颂小伙伴们助人为乐的精神。

这首诗在艺术表现手法上最大的特点，就是在内容情节的设计上，整个故事发生在具有一定危险性的河面上，可谓是充满惊险。但现实生活中小木拖、西瓜皮，甚至是小木偶都是具有漂浮能力的东西，惊险里又呈现出风趣的喜剧味道，这在当时的童话诗创作题材上并不多见。作为童话诗，由于有故事情节，因而描写的语言对作品的艺术质量显得尤为重要。诗人对布娃娃形象的刻画上通过对它的脚步声"格笃格笃"，外貌"几寸高"，摔跤后小木拖掉下河时的语言"哇哇叫"，"脱下另一只小木拖／急得格笃格笃敲"的动作，最后"接住了"小木偶抛来了小木拖后走路的样子"格笃！格笃！"，"欢欢喜喜"过了桥等，采用的都是具有儿歌节奏韵味的语言，展现出了诗人在童话诗语言运用上的独特魅力。

当然我们在研读《布娃娃过桥》的过程中不难发现，当时儿童文学作品所呈现出来的教育意义，随着时代的发展也出现了一些变化。上世纪60年代初，为建立良好的社会主义新风尚，提倡助人为乐、做好人好事作为学校道德教育的一个重要部分，被儿童文学作家用艺术的形象在他们的作品中表现出来了，《布娃娃过桥》正是这方面的典型性作品。不过这里所要强调的是，诗人的作品虽具明显的教育意义，但从中所表现出来的高超的艺术技巧，说明了他不是在单纯地图解"教育意义"，而是坚持用艺术的形象说话，用艺术的美去探寻达到小读者心灵美的途径，这是值得肯定的。

1955年3月圣野的新作《做完一件，再做第二件》，为儿童文学界展现了他在这方面的新思考：

> 公鸡饿了，
> 妈妈给我一把米
> 要我去喂鸡。
>
> 我走到公鸡旁边，
> 看见一只黑猫，
> 我就赶去追猫。
>
> 追猫踢坏了一条凳，
> 我就去找把小斧头，
> 想把小凳修好。
>
> 找着了小斧头，
> 看见妈妈在劈柴，
> 我大声喊着："妈妈。"
>
> 妈妈问我：
> "鸡吃饱了没有？"
> 我说：
> "没有，我追黑猫去了"
>
> 妈妈问我：
> "黑猫追着了没有？"
> 我说：
> "没有，我修小凳去了。"
>
> 妈妈问我：
> "小凳修好了没有？"
> 我说：
> "没有，我来帮你劈柴呀！"

妈妈说：
"你呀，一件事也没做好。
你听公鸡饿得咯咯叫，
快把鸡喂了，
再来帮助妈妈吧！"

  儿童诗主要是反映儿童的生活，所以其内容必定要与他们特定的年龄阶段所表现出来的心理特征相吻合。现实生活中的儿童普遍都存在着做事热情高，但明显缺乏顺序条理，一有干扰马上半途而废的现象。诗人抓住这个心理现象，构思出极富童趣的艺术想象，将"我"想帮助妈妈做事，而且想做更多的事，结果却一事无成的故事描述得十分生动。尤其是内容情节的设计，"我"先是喂鸡时看见猫，就去追猫，追猫时踢坏了小凳，就去找斧子修小凳，后又看见妈妈在劈柴，就想帮妈妈劈柴，然后再用这种一环扣一环的连环术在妈妈启发"我"时加以反复，让"我"自己感悟出其中的"错处"，不仅读起来觉得童趣盎然，"做完一件，再做第二件"的道理也就自然而然地为小读者们所接受。

  从这首童话诗的创作来看，对儿童诗的教育性的理解更加宽泛了，如果在这之前的一些作品是想从教育性等于政治性的创作观中解脱出来的话，那《做完一件，再做第二件》就是把与儿童生活中良好的做事态度也纳入了教育性的范畴，也就说儿童诗在让儿童感受艺术熏陶的同时，也力求使他们学会如何做事、做人。上世纪80年代初，这首童话诗作为中国当代儿童诗的经典被译成俄语介绍到前苏联，受到前苏联儿童文学界的好评。

  鉴于圣野在儿童文学，特别是在儿童诗创作上的出色成果，1957年圣野从部队转业到了上海的少年儿童出版社，被安排在《小朋友》编辑部工作。从此他正式成为了一名儿童文学的职业编辑、作家。

  翻开《小朋友》的办刊历史，可以这么说，历任主编都是在中国儿童艺术教育界、儿童文学界具有相当影响的人物。《小朋友》杂志是由著名音乐家、儿童艺术教育家黎锦晖先生在1922年创办的。刊物注重通俗、易懂、有益、有趣，且具有民间文艺特色，特别是黎锦晖先生本人创作的小歌舞剧《麻雀与小孩》《葡萄仙子》《月明之夜》等深受小读者们的欢迎。

  继黎锦晖之后，历届几位主要主编吴翰云、陈伯吹、黄衣青、鲁兵等都在办刊上根据时代与小读者的要求创造出了独特的风格。如抗战后接任主编的陈伯吹先生，注重刊物的文艺性和现实性的结合，阅读对象也从小学低年级扩大到了中高年级，成为一本综合性文艺性的儿童刊物。新中国成立后《小朋友》杂志归属少年儿童出版社,阅读对象又回归到小学低年级。在办刊思想上确立了贯彻党的德、智、体、美全面发展的教育方针。主编黄衣青经常深入学校作调查,探索刊物如何满足小朋友的阅读兴趣。由于当时我国面向儿童的刊物受前苏联的儿童文学、教育刊物的影响较大,黄衣青亲自译编了《七色花》在《小朋友》上连载,教育小读者要做一个乐于助人的具有高尚情操的好孩子。

1956年下半年开始,鲁兵接编《小朋友》,在社领导的积极支持下进行了大胆、全面的改革,强调要把《小朋友》办得新鲜、生动、有趣,使之达到更好的教育效果。同时编辑部也十分注重提高刊物的美术质量,注重吸收中国民间艺术的精华,如国画、剪纸、玉雕、面人、戏剧脸谱等都不断地在刊物上选载。编辑部主动向一些在中国画坛极具影响的画家,如林风眠、关良、江寒汀等约稿,漫画家张乐平就是从那时开始在《小朋友》上连载他的漫画作品。鲁兵等人力求把《小朋友》办成一个文学艺术水平较高的图文并茂的刊物。

1957年底,圣野正式接编《小朋友》。可以说从这一时期开始至"文革"爆发,是《小朋友》办刊最为困难的时期。就在圣野任主编的第二年,也就是1958年,由于受到社会上刮起的浮夸风的影响,刊物上出现了忽视艺术、忽视儿童年龄特点的倾向,政治化、成人化的作品占了主要的版面位置。

说起那段历史,圣野十分坦诚地说:现在,我感到自己当时并不是一个立场坚定的人。当上面刮起"左"的风暴的时候,也跟着"左"。如1958——1960年的《小朋友》,就不大讲低幼儿童文学特点了,有时编得像成人报纸一样枯燥乏味。当上面强调要贯彻"双百方针"时,《小朋友》也喘过一口气来。如1961——1962年的《小朋友》,就编得比较活泼有趣一点,他们曾通过组稿发掘并刊登过一批内容和形式结合得比较完美的作品。1962年年底,编辑部选编了《〈小朋友〉二百期作品选》,就逐步有点儿像低幼文艺刊物的样子了。但后来上面一抓了"以阶级斗争为纲",就什么都不敢放,刊物又在走回头路,又在倒退,俨然摆出了一副"老子教训儿子"的严肃、干巴的面孔。在我们的国家,这时资本家阶级早已不存在了,而《小朋友》却在奉命抓什么"反资文学",这也是没有办法的事,不光是《小朋友》,其他儿童刊物基本上也是这样,这就是我们这一代知识分子的悲哀。

这一时期,圣野在处理繁忙的编务工作同时,并没有停止儿童诗创作的脚步。1961年7月他在《人民日报》副刊上亮出了他的童话诗《夏天》,这是圣野在创作上的又一个飞跃。圣野新中国成立后创作的一些童话诗,虽然用的是拟人的手法,但基本上都是以写实为主,而《夏天》却不同,诗人用虚实相结合的方式来塑造好孩子的艺术形象。

诗中写的是一个是爬高的绿孩子,喜欢一天到晚做好事:它"给树,添上绿叶/

给葡萄架,披上绿纱/给墙,绕上绿藤/给小山坡,穿上绿衣……"绿孩子本身就是从大自然里生发出来的艺术形象,"我们看她不见/摸她不着/可是我们确实知道/她来了"。诗人用他独特的想象与描写,让我们在自然与现实中捕捉到了这个爬呀爬,整天给人们送绿色来的好孩子"夏天"。这个有抽象艺术感的形象,在儿童诗中应该说是极具难度的,因为它是抽象与现实的结合体,抽象了,会产生阅读难度,现实了,会缺少艺术性,但诗人就是用自然、平实的描写性语言,紧紧抓住"绿孩子""爬"的动作,和给人们带来绿色、带来凉爽这个特点,将原本"看不到,摸不着"的东西,变成了让小读者实实在在能感受到的形象,这是该诗取得成功的一大关键。

当然在《夏天》的取材与表现手法里我们还可以发现,圣野仍然坚持着从大自然中采集优美的想象,并与现实生活中的儿童生活结合起来的童心浪漫主义创作理念,所以塑造出来的好孩子不是简单的政治说教的形象,而是具有美感的、能表现出儿童心理艺术特征的,做到了能反映时代要求的思想性和儿童文学本质所特有的艺术性的统一。可以这么说,《夏天》的问世,给当时的儿童诗歌界确实吹来了一股独特的清新之风。

从《夏天》里我们也可以看到,圣野的儿童诗创作虽然曾受到政治化的影响,但他很快就从这些干扰中走出来,仍然坚守着自己童心浪漫主义的创作理念,创作出了优秀的童诗作品。应该说这一时期仍然是诗人创作比较活跃的时期,他先后出版了诗集《和太阳比一比》、《布娃娃过桥》、《小小杂技团》、《小哨兵》(与吴少山合作)、《奶奶故事多》等,给当时的儿童诗创作与研究提供了绝佳的范本。

圣野还清楚地记得,也就是在1961年夏天,为了了解《小朋友》的创刊史,《小朋友》编辑部的全体同志兴致勃勃地来到上海愚园路上《小朋友》第一任主编黎锦晖先生的寓所拜访。那时,黎先生虽已七十多岁的高龄,但精神很好,十分健谈。他给圣野他们介绍,当时的《小朋友》每期有一版小朋友的照片,冠以"爱读《小朋友》的好朋友"。每个小朋友和家长,看到这份杂志,都舍得把孩子的天真活泼的照片寄给我们。照片登出来了,这是《小朋友》和孩子建立的最初的友谊。黎先生还谈道,每期杂志,像个小小的迷宫,总有些有趣的让孩子乐于思考的民间谜语或画谜吸引着孩子。《小朋友》的封面字一期换一个,都是请杂志的小主人自己写的。孩子们一看到这本杂志,就喜欢上了,说,这是他们自己的杂志。黎先生还拿出新中国成立后重新出版的《葡萄仙子》《小小画家》等儿童歌舞剧本给圣野他们看。圣野说这些在20世纪20年代曾经风靡全国的儿童歌舞剧,虽然已经过去了半个多世纪,但仍在人们口头上、心上活着,有着强大的艺术魅力。

值得一提的是,1962年春天《小朋友》以"新"字带头,搞了一些革新措施。少年儿童出版社在党支部领导下,也搞起了各种兴趣小组,学术气氛空前活跃。圣

圣野（中）与任溶溶（右）、孙毅同获《少年文艺》杰出贡献奖

野和任溶溶、水飞（章大鸿）也都报名参加了。由于大家都觉得在少年儿童中进行诗歌教育活动十分有必要，而且用诗与画结合的形式，可能会更形象、生动，更能引起小读者的兴趣，于是就来了一股冲动劲，在市少年宫办起了诗画廊。其目的就是通过诗人和画家的作品联展，密切这两者的交流联系，当然最主要的还是让少年儿童在诗画合一的学习欣赏活动中，让心灵得到一种艺术的、美的净化。这项活动开启了我国国内最早的学生课外诗歌教育的先河，受到了广大少年儿童和从事教育工作的教师的欢迎。

　　任溶溶先生是我国的童话、童话诗名家。他写童话或童话诗有一个特点，就是要么不写，要写就要写出点"稀奇古怪"的东西来，让读者好好地品味。读过他的作品的人都知道，这个"稀奇古怪"的东西就是幽默。如《幸亏地球是圆的》这首诗，一开头有点怪。你说"他"是个孩子吗，其实是个大人。这可是个固执得让人有点难以置信的怪人，他的怪，在于别人说向东，他偏要说向西。固执的结果，是让他尝到了很多苦头。一个在几分钟就能走到的"家"，结果走了好长好长的时间，还是没有走到。就这样，一个普普通通的大道理给任溶溶一个难以置信的幽默想象，一种神奇的艺术魅力就显现出来了。

　　圣野先生介绍说，任溶溶先生不仅会写童话诗，还是个说相声的能手。在一些欢乐的晚会上，他一上台，笑声就跟着来了。他说的相声，特点是会绕，他喜欢给你不停地绕圈子，摆噱头。绕了半天，大家于突然间恍然大悟。啊，原来如此！这情景颇有点像"踏破铁鞋无觅处，得来全不费功夫"的艺术！

自从圣野到上海工作后，和任溶溶先生一年要见几次面，不是讨论儿童诗，就是议论童话，每次见面，他们都相谈甚欢。给圣野印象最深的是，任溶溶特别喜欢在一个作品的构思上狠下功夫。那种一丝不苟、认真对待自己的每一个作品的精神，使圣野十分感动。

圣野、任溶溶、水飞（章大鸿）等在少年宫办诗画廊，事先也得到过党支部的同意，但只搞了六七期就被扣上了"自由化"的帽子，被迫停展了，圣野和其他几位发起者也受到了不同程度的批判。由于正处于"文革"的前夕，"左倾"思想处于占有压倒性的优势，他们也只能陌然面对了。

圣野与任溶溶摄于2006年的合影

四年后的 1966 年 5 月,"文革"的炮声响了,中国进入了文化专制主义的年代,儿童文学界出现了没有童话,没有想象、没有歌声、没有色彩、没有诗的黑暗景象。《小朋友》和其他儿童文学杂志一样停刊了,圣野的儿童诗创作活动也被迫中止。

圣野与儿童文学创作界的朋友任溶溶、郭风、鲁兵等

第八章

劫后余生创辉煌

> 历经"文革"空前劫,
> 春天来了爱唱歌。
> 嘀铃铃,嘀铃铃,
> 美丽歌声传四方,
> 唱响童诗又一春!
>
> ——圣 野

回忆起"文革",圣野总会摇着头说,这是一个荒唐的年代,不知炮制出了多少可怕的悲剧闹剧!大字报,满天飞,昨天还是老专家,今天就成阶下囚。叛徒、特务、"走资派",各种罪名样样有。少年儿童出版社的各种刊物都停刊了,书也不

1981年,四川少年儿童出版社出版的圣野儿童诗集《爱唱歌的鸟》

出了，关起了大门，编辑全部被赶到"五七干校"接受再教育。到了那里，茅草棚自己搭，搭好草棚"斗私批修"。当时还盛行一句话，"知识越多越反动"。只有工宣队师傅高人一头，每天都在叫："文艺黑线要批臭，叫它永远抬不起头。""大权威们"被责令扫茅坑，恨不能再踏上一只脚，叫他永世不得翻身。

圣野好容易熬到干校毕了业，马上又被送到一个制药厂，接受"工人阶级的再教育"。在这个厂里，一面让他参加劳动接受改造，一面要发挥他这个知识分子的作用，为厂里办起一份油印小报。编这份油印小报时，圣野忽然想到了诗，觉得用诗和工人兄弟谈谈心，比什么都要亲切。

下厂一年整后，由于他大学学的是英语，所以被分配到外文编译室，做起资料管理的工作，编译室的资料室，只有外文书，没有中文书。做一个中国人，能不看中文书吗？做一个搞翻译的中国人，能忘记自己的老祖宗吗？于是他就发起狠来，把一袋一袋的中国古典文学书背了回来，充实那里的新书架。当时圣野颇感得意，因为他是资料员，手中握有购书权，爱买什么就买什么。

1975年下半年，出版社又刮起一股下乡风，不是去干校，就是去外地慰问上山下乡的知识青年。谁适合再下乡，谁适合参加慰问团呢？十个人中十个举了手。到最后批准时，却是像圣野这样的"老运动员"和不顺领导心眼的人榜上有名了。鲁兵再下奉贤"五七干校"，圣野则被派去长白山参加赴吉林知识青年慰问团。

吉林安图县是个严寒的山区，最冷的夜晚，气温达零下40度，半夜到外面大小便，立即冻成了坚冰。圣野他们在知识青年插队落户的村庄，一村一村去访问，送去了一份份的关心和同情，这比"文革"前期的处境，他的政治地位上已是天差地别，好得多了。

"四人帮"被打倒后，有人说派慰问团也属于反动路线，圣野他们便自己解放自己，提前返回上海城。在编译室没呆几天，少年儿童出版社就把他和鲁兵接回社里。经过十年禁锢之后，一个把知识分子真正当人的年代，就从这里开启了。做编辑也好，做诗人也好，自从圣野自动回沪的那一天起，又获得了自由写诗、自由做人的权力。

当时盛气凌人的造反派，以非常不屑的口吻，把一堆重达八公斤的所谓"罪证"，扔还给圣野，轻描淡写地说一句："这些垃圾，你自己拿回去处理吧！""谢谢你，造反派，你总算手下留情了！"圣野喜出望外。造反派眼中的"垃圾"，正是他求之不得的宝贝——"写了一辈子的诗，没有在大批判中被焚毁，这真是他不幸中的大幸！"

圣野有五个子女，在上山下乡一片红的日子里，为了响应"一片红"的号召，除了一个已当兵外，有两个去了黑龙江，一个去了云南。

他的大儿子毕业于复旦大学附属中学,以优异成绩免试升入解放军外语学院。学成之日,又因成绩特佳,被分配去某国大使馆任武官。出国之前补政审,到圣野劳动的"五七干校"一了解,又因爸爸政审未作最后结论,取消原来的任命,让他到工程兵部队去当了三年兵。这个晴天霹雳的打击,儿子当然想不通,当他当满三年兵以后,便打了申请复员的报告。批准之日,他就穿着那身复员的军衣,回到上海进入一个工厂里,当起了"赤脚医生"。儿子何罪,竟受此牵连?荒唐的年代过去了,如今只给他、给所有的人留下了可悲的回忆。

"四人帮"彻底被打倒了,又陆续有儿童报刊的编辑来找他写稿,上海市少年宫又来邀请他和同事们去参加诗歌朗诵会。不久,在少年儿童出版社,领导上要他抓《小朋友》杂志的复刊筹备工作,这使他很激动,就像一只爱唱歌的鸟,向着终于到来的新中国文化艺术的第二个春天,不由地爆发出发自心底的欢呼,他曾用诗表达心中的喜悦:

> 一排排,枝头坐,
> 春天来了爱唱歌。
> 鸟儿,鸟儿,
> 你唱什么歌?
> 花儿香,花儿多,
> 我爱唱个百花歌。

在多次运动中曾被一再批判过的诗集《欢迎小雨点》,部分作品入选人民文学出版社出版的《建国三十年儿童诗选》中,这标志着圣野的作品又重新得到了肯定。1978年在庐山召开的全国儿童文学创作研究会议上,著名诗人柯岩同志主持讨论,明确为1962年上海少年宫诗画廊事件平反,这使圣野他们一下子从过去受处分的心理阴影中解脱了出来。由少年儿童出版社和上海市少年宫联合举办的,名为"小星星"的儿童诗画廊的活动,又重新恢复了,还经常请他们去参加诗歌朗诵会和作诗歌创作的辅导报告。

当时,由姚奔先生早年创办的复旦大学的诗刊《诗垦地》又出版了,圣野很荣幸地被邀请到复旦大学讲课,讲讲他从青年时代起,是怎样以诗作为武器,投入争取自由民主的写诗活动的。活动似乎是《诗垦地》的当时的负责人主持的,在那次诗活动上,他见到了上海的诗界老前辈姚奔先生,听他讲了在抗战时期与一些年轻的诗友筹办《诗垦地》的经过。如今,《诗垦地》的周围,团结着一大群年轻的诗歌爱好者,他们和华东师大的"夏雨岛"诗歌创作群体,有密切联系,经常在大礼堂上开热闹非凡的诗歌朗诵会,用诗朗诵来振奋我们的民族精神。如今的圣野,心也非常年轻,喜欢赶场子,一听说哪个大学里有诗朗诵(大学里的诗迷同学,会主动打电话给他),他就赶到哪里听朗诵,享受那一份年轻人所特有的爱国激情。记得许德民、傅亮、赵丽宏、徐芳……这一群年轻的上海诗人,就是在诗歌朗诵会上崭露头角的,有的日后就成了他的诗友。

20世纪80年代初,曹辛之先生为编撰《韬奋全集》应邀来上海,住在韬奋纪念馆。他本是三联书店的老职工,是图书装帧方面的专家,所以由他来做《韬奋全集》的整体设计师,应该是最合适不过的了。

一天,曹辛之约圣野、鲁兵到韬奋纪念馆聊天。鲁兵出了个新点子:是否可以由他们三人通力合作,编一部解放战争时期的国统区诗选。有利条件是,曹辛之在解放战争时期正好在上海编《诗创造》《中国新诗》,而圣野则在杭州编《天行报》的《原野诗辑》。他们把当时的这些刊物每期打上300份清样,广泛寻找散处在全国各地的诗作者,经过筛选后最后决定诗集所收的篇目。

为了编好这部很有特色的诗选,圣野、鲁兵和在北京的曹辛之先生信件来往频繁,先后超过十多封,有的长达一两千字。本着"质量面前,人人平等"的原则,诗稿由圣野、鲁兵两人初选,再寄给曹辛之先生作全面的斟酌,看是否有重要的遗漏。曹辛之先生对每一首诗所提的意见都比较中肯,持十分慎重的态度,经过坦诚

圣野与诗友们的合影,右起:圣野、鲁兵、王辛笛、曹辛之、鲁风

1982年，由曹辛之、鲁兵合编，圣野参编的《黎明的呼唤》由四川人民出版社出版

的交换和讨论，终于达成了共识。本着"少而精，宁缺毋滥"的原则，最后选定时，仅剩下122人，诗集名最后定为《黎明的呼唤》。当时"胡风案件"还没有平反，他们经过商量决定将几个有较大影响的诗人的作品，如绿原、彭燕郊、化铁等先收入选集，表明他们对这一冤案的鲜明态度。

经过再三研究，他们一致认为还是请公刘作序最为合适。当圣野的约稿信寄去，他一口答应了，序文的题目是《不撤退者的青铜群像》。公刘认为："今日的读者较之过去更有独立思考的要求与本领，不迷信任何权威，自会作出恰当的鉴定。"公刘所持的选诗观点，与圣野他们心中所持的观点，几乎是不谋而合。《黎明的呼唤》出版以后，立即得到曾卓先生撰文在《诗刊》上加以评价，这使圣野他们深感欣慰。

复刊后的《小朋友》延续着过去办刊的良好势头，是公认的全国儿童文学刊物中的佼佼者。每当回顾起当时的情况，圣野先生总要感慨地说道：《小朋友》杂志的编务工作之所以能取得这样的成就，有编辑同仁们的努力，也有社外众多的作家、画家的支持，在中国现当代儿童文学史上享有盛名的作家、诗人、儿童漫画家等都倾力协作、奉献才成的。其中有少年儿童出版社内部的陈伯吹、任溶溶、包蕾、鲁兵、任大霖、贺宜、林曦明、方轶群、黄衣青、洪汛涛、水飞、俞理、何艳荣、朱延龄、马如瑾等，文学界的郭风、辛笛、公刘、骆宾基、金近、田地、蒋风、孙毅、金波、张继楼、鲁风、张秋生、于之、孙愚、吴少山等，美术界的张乐平、林风眠、田原、温泉源、丁聪、万籁鸣、缪印堂、马得、詹同等。

著名儿童文学作家金近是圣野先生的老朋友。早在1947年，圣野就在上海的各种报纸上，读到了金近大量的儿童诗。1948年4月4日，在上海的兆丰公园（现今中山公园）里，圣野第一次见到了年轻的金近。圣野十分喜欢他的诗，他觉得在金近的诗里，金近不再是一个大人，像是一个地地道道的"孩子"。不仅声音像、笑貌像，连口气也像。可以这么说，金近是一个较早活跃于我国儿童诗王国里的卓有成效的"诗孩子"。当圣野他们回到杭州，在筹备庆祝《中国儿童时报》18周年纪念日时，金近应约寄来了祝贺的诗篇。从此，在断断续续的书信往来和见面中，金近成了圣野敬重的诗歌创作的诤友。

金近早在新中国成立前就开始在《小朋友》杂志上发表儿童诗，在以后的半个多世纪里，无论政治风云如何变化，除了停刊，他一直是《小朋友》经常联系的作家，从未中断。1948年5月，金近在《小朋友》杂志上发表的儿童诗《马来了》，表现了对受压迫的劳动人民的同情。上世纪八十年代初，金近又给《小朋友》寄来了新创作的儿歌《大西瓜》："大西瓜/圆又圆/切开就变两大碗/你吃一大碗/我吃一大碗/留下空碗当小船。"圣野读了十分喜欢，认为金近的选题讲究生活化，又是彻底的幼儿化了的语言，是一种近乎天籁的人间最真最美的语言，不到炉火纯青的高境界，是不容易写出这样的诗来的。于是就以最快的速度将其刊登出来。

20世纪80年代，圣野离休后曾到上海徐家汇上海图书馆的藏书楼，查阅新中国成立前的《新民晚报》。重新读到了金近的儿歌和一首又一首的小诗，这些儿歌、小诗时常被当作头条花边诗，刊登在副刊《夜光杯》上。诗中的那些十分逗人的童心童趣，吸引着圣野连忙把它们抄录了下来。

1990年10月在杭州举行的金近作品研讨会上，圣野发言说："金近写于新中国成立前三年的，那些为数不多的写给小毛、小瘪三的笑中带泪的诗，是真实地反映了那一个特定时代的近乎史诗式的作品。他的儿歌、儿童诗，尽管有的很短，有的很长，但都隐藏着相当深刻的社会内容。而那些诗，又是通过孩子自己的内心、自己的嘴巴痛快而又带点忧郁地吟唱出来。"

圣野至今还清楚地记得，金近在世的时候，曾为我国的儿歌和儿童诗会不会受到阵阵寒风的侵袭，表示过深深的担忧。金近虽然走了，但他留下的儿歌和儿童诗，就像朵朵迎风招展的花朵，还在向我们、向新一代的孩子亲切地微笑着。

诗人田地（吴南薰）是浙江奉化人，1927年7月出生于杭州市一个没落的书香门第。抗战胜利前夕，用吴蓝笔名发表第一组作品，由于经常四处投稿，他结识了不少上海、杭州的前辈作家和文朋诗友。解放前的田地，一直处于半失业状态，一边流浪，一边写诗，他的诗和乞儿和小三毛们有很多共同的语言。

青年时期的田地　　　　　　80年代圣野与诗人田地（左）、鲁风的合影

圣野和鲁兵在新中国成立前的杭州一起编《中国儿童时报》的时候，和没有见过面的田地的通信就已经很密切，由圣野主编的一本儿童诗选集《小母亲》，就选了田地的一个组诗《自由画》。因为它朴实，清新，极富有童趣，圣野非常喜欢这个组诗。圣野负责《小朋友》的编务工作后，田地就成了他经常联系的作者。

新中国成立后田地以极大的热情，赞颂了我们社会主义祖国的今天和明天，不论是大题材，小题材，他的切入点都可以具体地感知，他像新中国成立前一样，始终坚持用一双孩子的眼睛，来观察生活，感知世界。他寄给《小朋友》的作品，如《我爱我的祖国》《要为祖国添光彩》，诗里的的祖国并不是一个抽象的概念，而是与他呼吸与共，血肉相连的。孩子刚刚生下来，吃的奶水不够，用小勺子给他喂豆汁、喂稀粥的是他的祖国；孩子上学的时候，给他买绿帆布书包、买十二色蜡笔的是他的祖国……田地用热血沸腾的诗篇来歌唱祖国，他那渗透到骨髓里、血液里的爱，不断地震撼着每个爱诗的中国孩子的心。

可是1957年的一场"反右"政治风暴，却折断了田地健飞的翅膀，他被发配到遥远的青海劳动改造。22年后他被平反，重新回到了西子湖畔，在他出版新的儿童诗集《复活的翅膀》时，著名诗人辛笛为他作了序。2014年，圣野在主编"亲亲童诗"时，也还念念不忘当年的这位为《中国儿童时报》《小朋友》写稿的诗人，尽管诗人已仙逝，可圣野还是特意编辑出版了他的诗集《蝈蝈儿》。

著名诗人辛笛也曾为《小朋友》多次撰稿。圣野先生告诉说，辛笛的心灿如朝霞。新中国成立初期，辛笛先生将家藏的十多万美金，慷慨地献给了国家。他心安理得，甘于做一个粗茶淡饭的平民，出门舍不得叫出租，自行车修修补补，成天坐一辆踏遍全市的轻便车，在大街小巷里穿行。

在《小朋友》杂志创刊 65 周年大庆的时候，辛笛先生给编辑部寄来了一个题为《窗·井·桥》的组诗，充满童心、童味的诗句，让圣野觉得重友谊重感情的辛笛先生就是一扇窗，一扇照亮中国当代新诗的门窗；他就是一口井，一口诗如泉涌永不衰竭的深井；他就是一座桥，一座铺向国内外的友谊的诗桥。

香港的文学界曾几度出现过辛笛热，港人学者选编的《中国近代新诗选》，对辛笛先生的诗情有独钟，选得比大诗人艾青的还多了几首。《开卷》杂志还出过纪念辛笛先生的专辑。可以这么说，在中国现当代诗歌发展史上，辛笛是属于领军式的人物。

辛笛先生曾和女儿合作，编选过一部《中国二十世纪新诗大词典》，收入了 20 世纪曾经活跃在中国诗坛的众多有过影响的诗人。可是选了好多年，就是看不到他最亲近的、一同办过诗刊的那位诗友的名字，他一直信守着"质量面前，人人平等"的誓言。圣野先生说，《小朋友》有这样一位德艺双馨的诗人支持，能不兴旺吗？

圣野与著名儿童文学作家、诗人鲁风（原名郝天航）在 1946 年就相识了。那时鲁风与臧克家、曹辛之、林宏等筹创星群出版社，参加《诗创造》的编辑工作，他们把刊物编得红光闪闪，让国民党反动当局看了感到害怕，感到惊慌。解放初期，鲁风先是在中国福利会任儿童工作研究室副主任，1950 年宋庆龄创办了《儿童时代》杂志社，任命鲁风任社长兼主编。鲁风在 1943 年就开始发表文学作品，而圣野却特爱他的童话、童诗，担任《小朋友》主编以后，经常向他约稿。鲁风也不负《小朋友》的厚望，写出了不少如《路灯》等有很高艺术质量的诗作，为《小朋友》的诗歌版增添了新的色彩。

可是令人意想不到的是，鲁风在上世纪 50 年代和"文革"中多次受到冲击，失去了给孩子编刊物的快乐与自由。但他始终没有放弃对党和祖国的忠诚，没有放弃儿童文学创作与研究，曾出版过诗集《祖国的早晨》《小讨厌》《点名》《老鼠嫁女》，民间童话《金斧头》《北海桥》和《鲁风文集——长胡子的小朋友》等。其中《金斧头》曾获全国第一次儿童文学创作评奖三等奖，1987 年被中国作协授予优秀文学编辑奖。

晚年的鲁风几乎失聪，但坚持看报读书，种树种花，每当阳台上开出了喜气洋洋的鲜花，总要忍不住打电话给圣野，邀他过去一起赏花。圣野先生说，年长于他的鲁风特别爱笑，在他爽朗无比的笑声里，圣野不由想起了陶渊明悠闲自得的诗句："无怀氏之民欤？葛天氏之民欤？"

著名儿童文学作家孙毅先生是圣野与鲁兵 1948 年 4 月在参加上海儿童读物作者联谊会上认识的，在迎接新中国诞生的黎明前的苦难岁月里，孙毅曾与包蕾、董林肯等一批进步作家编演过不少同情苦孩子的戏剧。当时他们隔壁就是一家铁匠铺,在铁匠铺里干活的小孩,每日每夜地劳动着,吃饭有上顿没下顿。一天忙下来,几乎全身都是黑的,因此孙毅认为天下最苦的就是小铁匠。出于对生活最底层的苦孩子的同情,他写了一首名为《小铁匠》的儿歌,在1948年的《新少年报》上发表。这首被选入《中国当代儿童文学史料诗歌卷》的儿歌,日后成了他一生从事儿童文学创作的代表作。儿歌是这样的:"我是小铁匠/整天叮叮当/榔头重/火钳烫/筋骨疼/汗珠淌/肚子呼噜响/还在叮叮当"。歌谣虽短,但字字铿锵有力,充满了控诉的力量。

新中国成立后,孙毅在中福会儿童艺术剧院工作,但对《小朋友》杂志也十分关心,不但经常写稿还积极推荐优秀作家与画家,与圣野和编辑同仁们结下了深厚的情谊。在庆祝圣野诞辰80寿辰暨文学创作活动60周年会议上,孙毅欣然用顺口溜风味的儿歌对圣野所创立的文学业绩给予了精辟的概括与充分的肯定:

  圣野的诗,是小鸟的诗,是小兔的诗,是毛毛虫的诗,是小不点的诗。……圣野的诗,是孩子的诗,天真的诗,是雅洁的诗,是大自然的诗……圣野的诗,是爱的诗,是情的诗,是心的诗,是精神的诗。

大家所熟悉的著名儿童漫画家张乐平先生和《小朋友》也有很深的情谊。圣野回忆说,从1956年到1986年,著名漫画家张乐平给《小朋友》先后画了二十年的漫画连载,从大人到小孩没有不熟悉张乐平的"三毛"漫画的。

1954年,鲁兵从朝鲜战争前线回国休整,和几个朋友在"刘三和"小酒店小酌。一个朋友告诉鲁兵,张乐平也在这里喝酒。鲁兵立刻上前向张乐平作了自我介绍,还约好第二天去张乐平家拜访。第二天,鲁兵去了张乐平家,只见他的几个孩子都戴着红领巾,在家门口列队欢迎。原来,张乐平回家后,就告诉孩子,明天,有一位志愿军叔叔来,要求孩子们都戴上红领巾。从此,鲁兵认识了张乐平的夫人冯雏音女士和孩子们,还有孩子们的外婆,开始了和张乐平一家长达数十年的友谊。张乐平自编自画的《我们的故事》,很多是以他家的几个小孩作为背景材料和模特儿的,漫画中常出现的瘦瘦的男孩,也很像张乐平家的小孩。

1956年,鲁兵从黄衣青手中接编《小朋友》,张乐平不仅为《小朋友》画了很多封面画,还在《小朋友》的封三开辟了固定的专栏,专登张乐平的趣味漫画。漫画《小猫咪咪》中的小猫,实际上画的是些有点傻气的爱淘气的小孩。小猫咪咪常于无意中做些让人发笑的傻事,如小猫玩毛线球,玩呀玩呀,结果把自己缠在房间里捆住了手脚,引来了小老鼠一阵嬉笑。到了1958年搞"文艺大批判"时,这组画曾被错误地上纲上线,认为是丑化了小猫形象,为反面人物老鼠贴金。

圣野、黄亦波等拜访画家张乐平先生

张乐平送给圣野的三毛漫画

专栏定下来以后，到时就得交稿。张乐平有时动不出脑筋，就打电话来求救。这时可忙坏了室主任鲁兵，鲁兵和张乐平一边喝酒，一边聊天，很多构思就是两人在一起碰杯时碰出来的。《小朋友》编辑部几个分工抓生活故事的文编，如苏茹、沈谨、茅绍颖等，后来也成了张乐平创作《我们的故事》的参谋。这些热心的参谋，常带张乐平一起下学校，听老师和同学谈谈自己的故事。谈着，听着，张乐平便憬然有悟。第二天，他就打电话来叫编辑部的"老交通"快去取画稿。

张乐平特别爱好喝酒。他常常打电话到编辑部，请鲁兵陪他喝两盅，喝着喝着，张乐平画兴骤浓，就画出画来了。从他一幅幅趣味盎然的漫画中，似乎还能闻出点酒香来。这时鲁兵也诗兴大发，拿起笔就往宣纸上泼墨，写得"字字尽醉矣"。张乐平跟着鲁兵和圣野，下过几回乡，跑到浙江汤溪的溪东大队去看过红领巾牧牛队，跑到桐庐去看船队围猎富春江上的鱼，都留下了生动的速写。

1958年起，圣野从鲁兵手里接编《小朋友》，画家张乐平就成了他经常联系的大朋友。《小朋友》为张乐平特设了一个"我们的故事"专栏，接连登了十多年，几乎每期都有。1980年6月1日，张乐平的《我们的故事》得奖了，跟圣野一起去北京参加全国第二次儿童文艺评奖的授奖活动。圣野和张乐平先后接触了好多年，都没向张乐平要过一张画，在这次授奖大会中，张乐平非常快活，主动送给圣野一幅三毛捧读《圣野诗集》的漫画，成为留给圣野最美好、最有价值的纪念品。如今

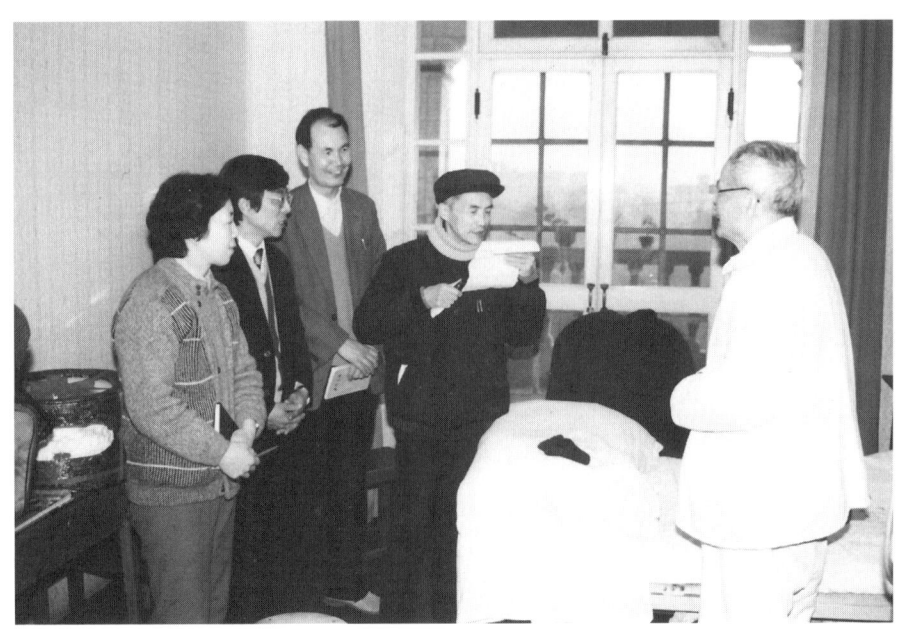

圣野与《小朋友》同仁去华东医院探望病中的张乐平

这些生动的往事，已成了圣野梦中的回忆。

上世纪90年代初，圣野尚未离休，还在《小朋友》工作。一天他在电视里看中国动画片的祖师爷，九十岁的万籁鸣爷爷接受记者采访的专题节目，当他得知万籁鸣早年曾是追随周恩来参加过上海第三次工人武装起义的一名老工人，圣野对他肃然起敬。

圣野曾不止一次上门请他为《小朋友》杂志作画，在华山路上的万家公寓门口，挂着一块牌子，上面写着："为照顾老人健康，谈话请勿超过五分钟"。所以圣野一般在进屋前先想好要说的话，不敢违约。有时听万老话旧，谈得高兴，刹不了车，便会立即起身告辞，只是偶然破约。万老当时年事虽高，但约定何时交稿，到时上门取画，却从来不曾违过约。

圣野看他写字作画时，手有些颤抖，不禁起了自责之心，想尽量少去打扰他。说起这"抖抖病"，万老向圣野介绍了他的"应对经验"。说颤抖也有规律，趁手不抖时，赶快画上几笔。但有时索性顺着抖势画下去，倒也画出了另一种苍老遒劲的风格。

圣野不仅与老一代儿童文学作家、诗人、画家有着十分深厚的友谊，也与金波等一些新中国成立后涌现出来儿童诗诗人结下了诗的情缘。早在上世纪60年代初，生活条件最困难的时期，他和金波曾到新建成的北京火车站一同体验生活。经过几天的观察后，圣野写了二三十首《在北京车站唱的》，金波则从不同的角度也写了一组小诗，一同寄给《新港》文学杂志社，在六月号上发了出来了。当时他俩还曾一同把诗寄给新蕾出版社，想合出一本同题诗，但没有成功。

粉碎"四人帮"后，《小朋友》编辑部和金波的联系更加密切。上世纪80年代初，圣野到北京组稿，整理了一部新写的短诗集《雨花集》，请金波代为作序。金波看了他的《雨花》《间隔》《火光》《一只手套》等短诗，大为赞赏之余写了一篇《圣野，一个奇异的梦想》的评论文章在《儿童文学研究》上发表了，同时他还代圣野把这部诗稿推荐给了北京出版社的领导朱述新。当初朱先生不仅答应安排出版，还邀金波、常瑞、樊发稼等在京儿童诗人到他家里一道叙谈。可不知什么原因这部诗集始终没能问世，连原件也没有寄还给圣野，这使他颇感遗憾。

为了培养年轻作者，圣野创编了一本《小朋友》的副刊——《〈小朋友〉笔谈会》。有一次，他写了一首诗寄给住在北京的金波看，金波很仔细地按照自己的写诗的习惯提了修改意见。有的意见圣野接受，有的意见则写信和金波商榷。书信来往有三四次之多，最后才把诗稿定下来。后来圣野把诗稿发表的全过程刊登在《〈小朋友〉笔谈会》第七期上，文章的题目叫《改诗的友谊》。

为了把诗改得更理想，圣野不怕在诗友面前丢丑，而金波也并不因为他们是老朋友而有所保留。这种诗友之间的真诚的交往，成为流传在儿童诗作家中的一段佳话。金波长于写韵律体的童诗或歌词，而圣野则是追求自由体的向往者。他们在《改诗的友谊》中所点亮的那些友谊的火花，实际上是诗的韵律体与自由体之间的两种不同创作方法的有益碰撞。

1989年，圣野和鲁兵在北京和金波、雪兵等一起商量由中国诗歌协会牵头编一套"三月诗丛"的相关事宜。除了在座的诗人外，还邀请柯岩加盟。这个碰头会效率倒很高，第二年，这套由张守义先生精心设计的"三月诗丛"，就由中国文学出版社正式出版了，全部出的是精装本。每本诗集前，有一篇雪兵写的序言，收录了每位诗人一生中的代表作约六七十首。从形式到到内容，这是建国以来出得最精美的一套诗丛。诗集内不加任何的插图，但张守义先生设计的那几根细细的线条，感觉上似乎比任何的插图还要美。出版以后，作者虽没有拿到一分钱的稿费，但送赠给诗人们的150本左右的精美的样书，圣野和金波等觉得这是他们获赠的最好的礼物。可惜这套"三月诗丛"出来以后，并未见媒体作过只字的报导和评价。这是圣野和在京的诗友深深感到遗憾的，也从一个侧面反映了当时童诗创作受冷遇的状况。

著名儿童诗作家吴少山也是圣野在新中国成立后认识的，少山出生浙江遂安，从小是在农村长大的，可能是家乡的小河小鸭，家乡的童年生活给了他太深刻的印象，所以他提起笔来，眼前出现的就是一幅幅童年的图画。新中国成立后，少山一直在西湖边的一所学校教书。他的许多诗，写的就是以西湖为题材，或写西湖边成长的小朋友。圣野与他相识在上世纪50年代后期，1959年二人合著出版了一部儿童诗集《小哨兵》，其中的一个组诗入选了冰心主编的《儿童文学选》。

圣野十分喜爱少山的诗，称他的诗跟着西湖一起发绿。理由是少山一贯把写诗当做绿化儿童心灵的希望工程来看。他的诗绿意盈盈，能给孩子带来健康的享受，无边的喜悦。当商业化经济大潮到来的时候，有些儿童报刊杂志误以为诗已经不时髦了，有意缩减甚至取消诗歌版面，而少山却不那么看，还是坚持写他的儿童诗。

1996年，少山将他在十多年里创作的一百多首儿童诗由少年儿童出版社集结出版，题为《捉梦谣》。圣野先生特意撰文对该诗集给予了很高的评价，称"梦里充满了童真，溢满了童趣，也渗透着他一生的理想和追求"，还说少山"从年轻时起，就想做一个有益于人民的诗人。这个做了一辈子的梦，在他的这本诗集里得到了比较集中的抒发"。

圣野先生在《小朋友》任职期间，几乎每年都要去杭州看望少山并向他约稿，总要和他一起去西湖边走一回。他们从白堤慢慢地走向苏堤，一边走，一边谈，共同切磋诗艺。少山先生在2015年92岁高龄时突然去世了，听到这一噩耗时，圣野

  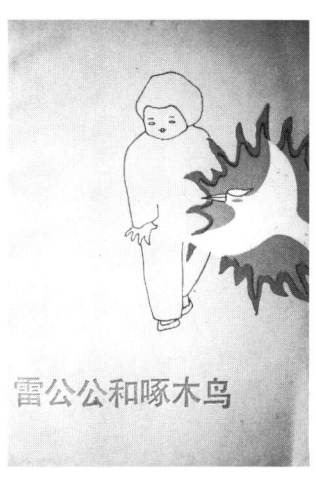

《长长的列车》　　　　　　　《圣野诗选》　　　　　　　《雷公公和啄木鸟》

难过得好久说不上话来，之后才嘱咐鲁守华，安排发表悼念文章。

1986年起，圣野在《小朋友》退居二线，接任编辑部主任的是戴洋藩，仍继续让他帮助看稿，抓《〈小朋友〉笔谈会》，还请他一起到京穗等地组稿。戴洋藩敬业精神很强，对历年发现的好版面、好稿子，都精心制作成幻灯片加以保存，并用以放给来访的客人看。《小朋友》复刊后，连出过两套《小朋友》宝库，这些文画俱佳的精品，是圣野和戴洋藩密切合作重视文化积累的见证。

1990年，黄亦波从许培奋手中接管《小朋友》，他想到的第一件大事，就是请圣野选编一部《小朋友》70周年的史料集——《长长的列车》。圣野接到重托后，从《小朋友》的创刊号看到70周年的最后一期，整整花了一年的时间，看到有点价值的，就请社里帮他复印留作备选。通过选编这部史料集，使圣野对为中国儿童文学作出过杰出贡献的黎锦晖、陈伯吹等大师级人物产生了极高的敬意。这部经过慎重编选、及时抢救编纂而成的史料，在中国儿童文学出版史上有其不可磨灭的历史价值。

《长长的列车》出版后，少年儿童出版社决定为他出版《圣野诗选》和《雷公公和啄木鸟》两部诗集。作为少年儿童出版社的老职工，这是送给他的两份宝贵礼物，也是对圣野一生从事儿童诗创作的肯定和激励。

1990年，圣野应邀出席青岛全国儿童文学创作出版座谈会，遇到了柯岩，当柯岩听说圣野正在为出版自己的新诗集《雷公公和啄木鸟》作准备，于是欣然答应为这部诗集写序。圣野和柯岩只见过三次面，一次是在"文革"结束后的1978年，在庐山召开的全国儿童文学创作研究会议上，柯岩明确为1962年上海少年宫诗画廊事件平反；第二次则是在 1986 年，他和鲁兵在去外地开会的列车上和柯岩偶遇。虽然见面次数不多，但柯岩通过前两次接触与读过的圣野的诗，在序言中描绘出了一个充满个性、鲜活的圣野。

> 有的人很容易给人留下印象，有的人却需要长期的交往，随着慢慢地接触，形象才会日渐清晰，令人难忘。圣野属于后者。……清癯的面孔，温和的笑容，在人面前总是那样腼腼腆腆的，很少说话，似乎也很少和人交流。可躲在厚厚眼镜片后边的一双眼睛，目光是那样的清澈，那样专注地看着你，天真得就像一个孩子一样。和有这样目光的人交往，你完全用不着提防，因为贪婪、狡诈全和他们无缘，他们清澈温暖得就像井水一样。

这段话，应该说不仅仅写出了柯岩对圣野先生的诗，更主要的是写出了对他人格的极大肯定。这让他不得不钦佩柯岩观察人的确特别细腻、精准。

圣野与老朋友黄亦波、吴然、汪习麟合影

圣野（右一）与金波、郑马、刘崇善等朋友

圣野（左）与洪讯涛

第九章

童心不泯到永远

《小朋友》是孩子的好朋友，
我是《小朋友》的老朋友，
我愿用一颗纯真透明的童心，
和纯洁的孩子做永远的朋友。

——圣 野

圣野在儿童文学，特别是儿童诗的创作、研究方面作出卓越贡献的同时，在童诗、儿歌教育领域也业绩非凡。圣野的儿童诗教育主要从两方面展开工作的，一是积极向儿童文学界、向社会推介优秀儿童诗作家和他们的作品，以切实提高儿童诗的创作水准；二是作为小学素质教育不可缺少的一个重要部分，他和一些儿童诗作

圣野曾多次参与组织全国小诗人夏令营，这是他在第七届全国小诗人夏令营上做报告

家亲临学校社区，普及诗歌教育。

圣野先生有个习惯，每当读到一首好的儿童诗、一部好的诗集，他都会积极撰写评论文章，向儿童文学界的同行们推荐，这对活跃儿童诗的创作与评论，乃至儿童诗教育都有着十分重要的意义。著名童话作家、《少年报》原主编张秋生的儿童文学创作，一开始是从诗歌起步的，曾出版过好几部诗集。他的童话里，也经常会出现一些诗。圣野在《阅读张秋生，像阅读一部绮丽多姿的童话》一文中指出："诗糅合在童话中，像糖溶化在水中，便成了他童话一个有机的组成部分。诗不仅美化了童话，也增强了童话的可读性。"

十多年前，圣野应四川少年儿童出版社之邀，主编一套"中华幼童散文诗丛书"，曾约张秋生写过一本幼童散文诗。张秋生给圣野寄去的书稿中有这样一篇作品《蝴蝶在读香喷喷的报纸》，圣野读着读着，迷醉了：

> 清晨，一只花蝴蝶正停在窗前的月季花上
> 她停了好久好久
> 弟弟说："小蝴蝶在读一份香喷喷的报纸！"
> 我说："报纸上说的是什么呢？"
> 弟弟说："大概是非常有趣的童话。"
> 我说："童话里说的是什么呢？"
> 弟弟说："对不起，我不认识她们的字！"

圣野又挥笔写下了他的评论文章："读张秋生所写的抒情味很浓的文字，给人的愉悦和享受，像读这首童话散文诗一样，是很难用一两句话表达清楚的。张秋生用他朴实无华的劳动，亲切地打破了诗和散文的界线，梦幻和生活的界线，把我们和小读者们领进了一个真善美的绮丽多姿的王国。"

云南省著名儿童文学作家、诗人吴然是圣野在1985年在新安江畔的一次儿童文学会议上相识的。当时吴然穿着很朴素，像一个农民。仔细一问，才知道他是个工人出身的作家，他在电站工地和线路上劳动的时间，远远超过了圣野做编辑的时间。吴然擅长写散文诗，他的散文诗文情并茂，写的都是他熟悉的山乡和田野，诗语就像山里的溪水汨汨地向前流淌。

当圣野收到他的散文诗《珍珠雨》时，立即和编辑部同仁商议，决定将其刊载在《小朋友》1990年的第7期上。圣野还以《我享受了一番艺术花雨的洗礼》为题，在1991年12月《中国文化报》上发表推介文章，对吴然的《珍珠雨》给予了高度肯定："仅仅500字左右的一篇短短的散文诗，把夏天的一场大雨，写得那么

色香味俱全，写得那么耐听，耐看，耐嚼，活像一幅立体的淋漓尽致的图画。这不是作家的审美情感在起主要作用吗？作家高尚的审美情感，是照亮全文的灿烂阳光。"在圣野主持的《小朋友》编辑部竭力推荐下，吴然的散文诗《珍珠雨》获得了第十届陈伯吹儿童文学奖。

也就是在1985年新安江畔的那次儿童文学会议上，圣野认识了浙江省青年童话作家冰波。在交谈中，圣野发现他是一个爱幻想的大孩子。尤其是冰波对幼儿文学的认识与圣野经常在考虑的一些观点不谋而合。冰波认为，幼儿文学应该是一种美的文学，是一种引人向上的文学，应该给孩子带来更多美的享受。

这次见面之后不久，冰波就给圣野寄来了他的诗体童话《桃树下的小白兔》，圣野再三诵读，就像作品中的老山羊、小猫、小鸡、小松鼠、金龟子一样，禁不住喜悦蹦跳，沉浸在一片欢乐之中。不过圣野对作品中小白兔"伤春之感"，"花瓣上的晶亮的珠子变成了小白兔的点点眼泪"等，觉得"显然与整个童话的色调不相和谐"。于是就与冰波探讨，在定稿前把这些删除了。

圣野将这段与冰波改稿的经历，写了一篇短文《春来遍是桃花水——读冰波的〈桃树下的小白兔〉》刊登在当时的《幼儿文学》上面，让同行们看到了冰波用自己的作品践行了自己幼儿文学的创作观。经过三十多年创作上的磨练，冰波已经成为当代儿童文学界公认的童话大家。

圣野和农民儿歌作家刘章在上世纪60年代就有书信往来，刘章曾为《小朋友》写过诗，圣野对他在诗中呈现出来的河北农村淳厚朴实的泥土气息十分欣赏。1986年圣野和鲁兵合编"快乐岛丛书"，征集地方民间童谣，就自然而然地想起了他。

当他接到刘章寄来的新创作的近百首儿歌，马上就喜欢上了，不仅将他的儿歌集《小宝宝歌谣》编入了丛书中，还发表了以《一个富有"土气息、泥滋味"的乡村歌谣手——刘章与〈小宝宝歌谣〉》为题的评论文章，对他的诗作给予了积极肯定。圣野赞叹道，刘章的每一首儿歌都像一幅地地道道的河北农村的风情画，展示出了"观察入微的生活基本功"。这些作品"既是地方的，民间的，又是自己的，他在传统歌谣的基础上，有所突破，有所发展"。圣野结合集子中的具体作品，如《小老鼠上灯台》等，对儿歌的选题与语言表现技巧进行了较为深入的分析。

圣野从刘章的儿歌选题中，概括出了我国优秀民谣之所以能够代代相传，极富魅力的原因——重视儿歌本身的幽默性。他认为刘章的儿歌语言表现"十分讲究声韵之美"，读起来特别富有一种"铿锵悦耳的节奏感"。后来刘章调去《诗刊》工作，他与圣野的交流还在继续着……

李作华从上世纪50年代起，就开始活跃在我国的儿歌园里，由于他从小在农村长大，有扎实的生活基础，加上当地民歌童谣的滋养，所以十分擅长创作反映农村儿童生活的儿歌。1992年他将自己写了大半辈子的儿歌作品集《月儿弯弯》，交由作家出版社出版。

圣野读到了他的作品后，觉得李作华的儿歌"很少运用华丽的词藻，语言比较朴实，很贴近孩子的口语。于平淡中透露出一份甜甜的天真"，特别是他的儿歌"都是从生活中取材的，十分注意从细微深处去捕捉一些动人的细节"表示赞扬。同时针对儿歌集中一些赶制出来的，不够成熟的作品也谈了自己的看法。他语重心长地指出："李作华，是属于我们农村的。这些年，农村的面貌，起了极大的变化。在我的感觉上，李作华的创作与今日农村的实际生活似乎还存在某些距离。他能不能更好的为农村孩子歌唱，取决于作者自己与日新月异的农村，是否还保持着有血有肉的联系。"

当圣野的这篇题为《李作华和他的儿歌》的评论文章在1992年4月4日的《文艺报》上发表后，立即引起了圈内人士的热议。评论不仅对李作华儿歌创作给予了积极的肯定，也对李作华在农村新变革背景下，如何进一步扩大创作视野提出了殷切的期望，应该说这对从事农村儿歌创作的作家来说是具有一定的指导意义的。

孙愚是文汇报文艺部的一位漫画家，但同时又是一位著名的儿童诗作家。在他的漫画里可以品味出他的诗意，在他的诗里，可以读出他的画意。圣野曾赞扬他说："他用闲情逸趣和人生哲理，用快活而有时又带点忧伤的漫画，丰富了我们的生活，把我们带到了一个和春天一样的美丽的艺术世界。"

上世纪90年代，孙愚的诗集《我不再寂寞》出版了，这是取材于一个写三口之家的诗集。圣野读后，对诗集中所反映出来的"用爱心组合而成的伟大生命"的这一主题，表示极大赞赏。他在《张扬人性的"人之子"——读孙愚的〈我不再寂寞〉》里指出："家，是一个最单纯、最基本的社会细胞，孙愚的这部诗集很适合中国的爸爸妈妈和小小孩一起吟诵，一起学习。"圣野的文章发表后，在童诗界、教育界都引起了不小的反响，激发起了人们对扩大儿童诗创作题材与家庭教育更为广泛的再思考……

过去，圣野先生在主编《小朋友》期间，他与黄亦波、金逸铭、宗二兵、许培奋等编辑一起，始终把诗歌版面放在一个十分重要的位置，在发表成人作者的诗作之外，还专门开辟了小读者自创作品的专栏。上世纪80年代初，国家提出改革开放的国策，使我国的经济面貌有了本质上的改观，但同时日益陷入商业化的社会也给文学，特别是诗歌市场带来了一定的影响。为振兴儿童诗创作，圣野和《少年报》的著名儿童文学作家、诗人张秋生等人，于1984年向上海地区所有的儿童报刊发出倡议，希望每年10月都要拿出专门的版面发表儿童诗，也就是共同举办"十月儿童诗会"。至今为止，"十月儿童诗会"已经进入到了第31个年头，涌现出了不少新人新作,为繁荣中国的儿童诗创作起到了一定的促进作用……

1986年圣野离休后,他与童诗作家黄亦波、常福生、潘与庆等人,在童诗创作极不景气的情况下,恢复了一度停办的《儿童诗》专刊,这在当时是全国唯一的儿童诗创作、评论的专门杂志。专刊除了发表介绍海内外儿童诗名家的作品,还积极担当起了全国小学的诗歌教育任务,经常组织小读者的诗歌夏令营、冬令营,请蒋风、金波等儿童文学理论家、作家为他们做辅导讲座,举办以小读者为主体的童诗、童谣创作大赛等,在儿童文学界和少年儿童中引起了巨大的反响。

说起《儿童诗》杂志复刊,还有一段鲜为人知的故事,中国现当代最杰出的诗人之一艾青同志健在时曾答应出任该刊的编委,这使圣野他们既高兴又感激。他们准备在《儿童诗》的"爱心号"上,隆重刊发艾青先生的《献给祖国的鲜花》。这是一首写于1950年的儿童诗,只有电台朗诵过,尚未正式发表,也未曾选进《艾青全集》,是诗人金波花了很大的精力才找到的。同时,他们还准备刊登金波撰写的《寻找艾青的一首儿童诗》一文。可是就在发刊前夕,从北京传来了艾青同志逝世的噩耗,圣野和编辑部的黄亦波在悲痛之余,给艾青的爱人高瑛发去了唁函:

> 今天早上,在新闻广播中听到了中国当代最杰出的诗人艾青逝世的噩耗,深感震惊和悲痛。我们这一代人,都是从小喝了艾青诗歌的奶水长大的。艾青的诗,在国家民族处于存亡绝续的紧急关头,曾经是作为反侵略战争的战鼓和号角,鼓舞着亿万人民向法西斯侵略者冲锋陷阵。他给了我们强大的信心和无敌的力量,激励着几代人为宏扬真善美、鞭挞假恶丑而进行不懈的战斗。伟大的诗人艾青在我们心目中是一轮诗歌的太阳,他的生命消逝了,但他留给我们的杰出的诗,是永远活在万万千千酷爱自由酷爱和平的中国人民和世界人民的心中……
>
> 艾青先生的不幸逝世是中国诗坛的巨大损失。请夫人和亲人节哀,我们将努力编好《儿童诗》,让艾青先生的发聋振聩的战斗传统,在我们编辑的诗刊中发扬光大,来回答艾青先生对《儿童诗》的亲切关怀。
>
> 艾青先生和他的诗永远活在千万小读者的心中!

唁函发出后,圣野和黄亦波在接下来的"友谊号"上,又选登了一首艾青先生专为孩子写的儿童诗和一篇悼念文章,为诗坛的泰斗送行。

圣野他们的儿童诗教育不仅得到了艾青等中国现当代诗歌史上大家的支持,甚至还"惊动"了当时已近百岁、住在华东医院的巴金先生。早在上世纪70年代末,圣野还在编《小朋友》时,读到巴金先生的侄儿李致写的,他小时候,巴老教他的

"学习的时候认真学习,玩耍的时候尽情玩耍,说话要说真话,做人要做好人"的四句话,觉得巴老不仅教小孩这样做,首先自己认真做到。于是就将这四句名言刊载在《小朋友》上。

也是在该时期,在王辛笛先生和丁景唐先生的陪伴下,圣野有幸得以在巴老的武康路寓所里拜访了他。巴老的记忆力真好,还能一一记起他曾经和《小朋友》结下的友谊。

后来在巴金老先生百岁华诞的前夕,圣野和上海市光复西路第三小学"玉兰诗社"的指导老师张文蔚带着小诗人的代表丁倩雯和杨璺晟,特地到华东医院看望巴金爷爷。巴金爷爷委托他的女儿李小林在医院南楼热情地接待了他们。李小林老师看了"玉兰诗社"小诗人代表《儿童诗》写的祝贺诗和画的祝贺卡非常高兴,说巴金爷爷见到这些诗和画,一定会非常开心的。她保证亲自把这些美好的诗和祝贺信读给巴金爷爷听,让他老人家过一个非常开心的生日。

李小林老师代表巴金爷爷跟圣野他们一起拍了照,小诗人代表丁倩雯兴奋地说,这是她参加学诗班以来最最难忘的一天,她一定要听巴金爷爷的话,长大做一个敢说真话的好人。那天,圣野当即朗诵了他的一首小诗《百岁的祝贺》,敬献给敬爱的老人巴金先生:祝巴金爷爷/再活一百岁/让真话/永远活在世上。

巴老手译的王尔德的世界名著《快乐王子集》,有他亲笔写赠的签名本,至今

圣野与金波、黄亦波、金本、鲁守华等诗人多次参加全国小诗人夏令营

圣野与小诗人们在一起

还在圣野的书橱里珍藏着。圣野说，巴老写的童话《长生塔》，是他百读不厌的世上最美的童话。

在这一时期，圣野还不顾年老体弱，与著名童诗作家张秋生、黄亦波、张铁苏、常福生、潘与庆等人经常深入到学校、社区，积极参与发展学生个性，强化素质教育为中心的小学教育课程改革，帮助小学、社区建立起了好多个小诗社。结合小学的诗歌教育，1998年8月，圣野出版了他的诗歌集《小雪人的红鼻子》。和以前的诗集不同，诗人在他的每一首诗旁，都用语丝的形式给小读者作了创作技巧上的解说，如选材的角度、意境的开发、抒情的方法、语言的节奏等，以便小读者边欣赏，边学写。

如他的一首名为《在荷花举灯的日子里》的写景小诗，诗中有粉红和翠绿的色彩对比，有荷花举灯和蜻蜓悄悄地停落的动静对比，诗人正是抓住了这些对比用一种极其微妙的冷热处理的方法，使诗的画面的意境氛围处于一种既有跳动而又有和谐的统一之中。对于一般小读者来说，是很难理解和掌握这种艺术技巧的，但由于诗人在他的作品旁，写下了"荷花举灯是一种热色，蜻蜓降落是一种冷色，诗中用了'悄悄'这个词，是热闹场面的一种冷处理"的鉴赏点拨，小读者马上就理解了。

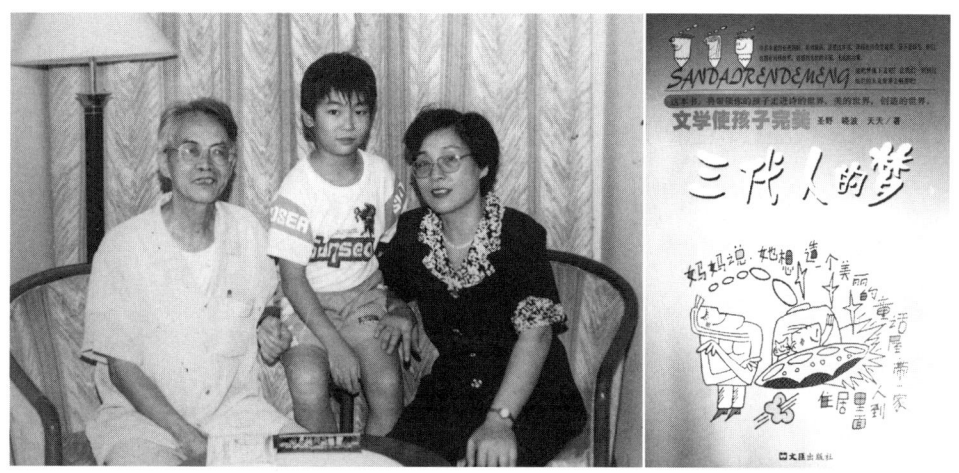

圣野和女儿晓波、外孙天天，及他们合著的《三代人的梦》

文汇出版社于2000年6月出版的《三代人的梦》是圣野和他女儿晓波、外孙天天三人合写的一本作品集。书中圣野这个当时79岁的老外公说起话来，还像一个小小孩。他毕生有个强烈的愿望，就是和小朋友交朋友，他的每一个孩子、孙子、外孙、外孙女都曾经是他笔下的小朋友，因此天天也不例外。从天天生下的第一天起，他就以一个大朋友的身份，给天天写下了许多诗文。"外公的梦"像一部有趣的、记录天天一点点长大的诗的日记故事。当外公重读这些诗文的时候，自己也读得笑起来了，像小孩一样开心地大笑。书中女儿"妈妈的梦"和小外孙"天天的梦"，同样写得十分精彩。尤其是在天天的日记里，外公可是天天极其崇拜的诗人偶像。

2001年，圣野在上海光复西路第三小学朱玉芳校长、赵小华、徐文珍老师的密切配合下，将历经多年的在校开展的小学诗化作文教育活动成果，选编成了一部《小学生诗化作文选》。在这部诗化作文选里，他用孩子们创作的诗化作文为具体实例，对诗化作文教育的特点作了十分精彩的概括："成功地沟通了作文和诗的界限，大大缩短了作文和生活的距离，使学诗班的小朋友写出来的日记、作文、随笔都是诗。""在整个育文育诗的过程中，他始终坚持把育人放在第一位"，并指出"这部《小学生诗化作文选》的诞生，胜利地敲响了全面提高小学生作文素质教育改革的钟声"。

1991年上海杭州路第一小学在水永根校长的亲切关怀下，成立了"小桔灯诗社"，并出版了第一本诗选集。圣野当时任《儿童诗》杂志的顾问，他怀着一种喜悦之情，在刊物上选发了他们的一组诗。不用说，这是对该诗社小朋友的一个莫大的鼓舞。从这以后，该校的学诗育人的诗歌创作活动，从来就没有停止过。"用心灵点亮诗灯，让生活充满诗意"，已成为该校精心开展文艺社团活动的一大特色。

圣野与黄亦波、程逸汝等作家在光复西路三小与师生们座谈儿童诗

经过十多年历任校长、老师和同学坚持不懈的努力，孩子们的诗越写越好，推出了三本学生诗歌作品集，其中许多佳作先后在全国各报刊及多届全国小诗人夏令营中获奖近百次，后来该校被杨浦区教育局定为诗歌教育的培训基地。1998年7月15日，圣野先生在《少年文学报》上发表题为《小桔灯更亮了》文章，向全国的小学诗社推介了该校的诗歌教育活动的成果。

浙江省杭州市下城区的树园小学（现并入东园小学），在上世纪90年代初成立了以圣野先生的名字命名的诗社"圣野诗社"，他们不但在学校老师、当地的儿童诗作家的指导下，写出了一首首美妙的诗，还在老师和辅导员的带领下，扛着一面自制的"圣野诗社"的社旗，到各处参观访问。他们走到哪里，就把诗的种子撒在哪里。在琳琅满目的西湖伞厂里，伞花和诗花一齐竞开；在解放军叔叔的军营里，叔叔帽顶的八一红星和小诗人笔下的诗星交相辉映；在农忙劳动的田野上，孩子们又在学习着把一行行小秧苗栽得和他们写的诗行一样的整齐……

当圣野读到了该校的诗刊《长青树》后，抑制不住心中的喜悦，当即挥笔写下了《绿化校园　诗化祖国——记东园小学的小诗鸟们》一文，刊登在1995年的《少年文学报》上。文中指出："孩子们不光是学写诗，更主要的，是在学习做一个对祖国对社会有用的人,争取做一个跨世纪的重任在肩的公民。"并且用诗一般的语言赞颂道:"小诗鸟们用自己写的诗,唱的歌,给我们的西子湖增添了一份新的美丽,成为西子湖的一种非常特殊的'新景观'"。

在积极指导诗社活动和辅导学生写诗的同时,圣野还为一些表现突出的小作家、小诗人出版的作品集写序,以引起社会对儿童作文、儿童诗创作的关注。有位叫露露(本名翁钦露)的小诗人,在虹口区第三中心小学附属幼儿园学习时,她的妈妈就教她学拼音,学汉字,写日记,在少年儿童出版社要出版《露露日记》时,圣野特意为该书作序。进小学后,她的《小学生日记》由柯岩作序,由中国少年儿童出版社出版,第一版就发行了55万册。黄亦波根据《露露日记》编写的指导小学生写日记的手册,发行量也很大。圣野和露露的通信,从她幼儿园就开始了,直到她长大成为上海白玉兰学校的英语教师,从未间断。

也就是在该校"白玉兰诗社"里,有个小诗人叫杨照晟。在读一年级的时候,有次参加在长风公园举办的诗歌冬令营的时候,他看到湖边有几十艘小船,肩靠着肩在"冬眠",猛然想起有一只青蛙跳出来,把小船惊醒了。圣野读了他写的诗,觉得这是个了不起的想象,在参加冬令营三百多名小朋友的四五百首诗里,给了他一个一等奖。以后杨照晟写的每一篇日记、小散文都引起了圣野的注意。

圣野和儿童诗作家在东园小学听该校老师的诗歌辅导课

圣野和小朋友露露

胡圳、赵晨、夏宇等都是在圣野的关注下成长起来的小诗人、小作家。1982年，中国作家协会上海分会、上海电视台和上海的一些儿童报刊联合举办的华东地区少年儿童诗歌写作比赛，年仅10岁的胡圳以一首《我有一个朋友》的作品，顺利入选。圣野在跟他接触时，觉得这孩子在创作上确实反应较快，也基本掌握了写诗的格式与基本要求，而且每一首诗中都有自己独到的东西。过了两年，胡圳的诗又有了不小的进步，在由《东方少年》和中央电视台联合举办的全国少年儿童写诗比赛中名列榜首。圣野对他的作品给予了高度肯定。

赵晨是杭州安吉路小学一年级的学生，只有8岁，由于喜欢用诗的语句来写日记，在一次儿童诗的评奖活动中引起了圣野的注意，于是他们就成了好朋友了。在圣野和其他老师的指导下，赵晨的诗体作文《风筝》在首届中华儿童文学征文中获得了三等奖。随着新作品的不断问世，《儿童诗》杂志给赵晨出了专辑，圣野用诗的语言欣然为他写下了《顽皮而天真的小诗人》一文，把赵晨和他的作品推介给广大小读者。

同样，当镇江的散文小作家夏宇把她散文集《颜色的直觉》的原稿送到圣野手中的时候，圣野读后不由为这位小作家在作品中所显露出来的那种纯净、真诚、自然、返璞归真的思想境界所感动。他在《镇江日报》上发表了《踏遍青山人不悔》一文，把夏宇的创作成果介绍给了广大读者，引起了当地文学界的关注。

在众多的小诗人、小作家中，由圣野发现提携起来的吴导可能是最为大家所熟悉的了。吴导是浙江金华市环城小学一年级的学生，他的想象力十分独特，当圣野发现了他的写诗才能后，对他进行了多次个别指导，使他作品的艺术质量有了飞跃，他在8岁时就集结出版了第一部诗集《有太阳真好》。后来，在台北举行的首

圣野在孩子们中间

圣野与小诗人吴导

届热爱生命诗歌评奖上,吴导的诗集一举夺得全亚太地区金质奖,我国诗界最具权威的《诗刊》也报道了此事,并介绍了吴导的获奖作品。圣野在无比激动中撰文庆贺:

> 中国的这些才华出众的小诗人们,将用他们无比的善良,无比的真诚,以及对生活的无比热爱和神奇的审美嗅觉寄语世界,一支敢说真话的队伍浩浩荡荡地过来了。是他们,正在开创着一个有百千个小小骆宾王积极参加的伟大时代。

2003年11月,圣野的老伴走了,但他的另一个"老伴"没有走,那就是一直跟随着他,已共同生活了60年的"诗"。为排遣失去老伴的思念,于是他在家里办起了手抄版的《诗迷报》。这份《诗迷报》是他的追求,他的选择,他的梦。《诗迷报》尽管很小,但"野心"可不小。想办成中国第一流,想成为真善美的化身。报纸看重名家名篇,因为每一盏点得特亮的诗灯,往往能照得更远,但不搞论资排辈,只要质量上乘,有一点创新意识,大人、小孩都能上。

在圣野和他的同事们积极努力的同时,全国的小学诗歌普及活动也如火如荼地

圣野主编的手抄版《诗迷报》

开展起来了。其实我国学校的诗歌教育有着十分悠久的历史，但在旧教育制度下的诗歌教育，只是作为语文教育一部分的知识性内容加以传授而已，并未真正同发展儿童个性、提升儿童综合素质联系起来，因而带有很大的局限性。直至上世纪90年代国家提出素质教育的教育理念，各地学校出现了诗社林立的可喜局面，成了我国学校教育中一道美丽的风景线，同时也涌现出了一批学校诗歌教育的研究家、活动家，除了圣野团队以外，其他童诗作家、儿童文学理论家们也在通过不同的方式，为普及诗歌教育忙碌着。

如著名儿童文学理论家、教育家浙江师范大学原校长、国际格林奖评委蒋风先生，圣野称他是"一个当代带有童话色彩的追日夸父"，他从新中国成立前在国立英士大学学习时，就开始钻研儿童文学。新中国成立后，和其他老师一起在浙江师范大学创建我国高校中第一个儿童文学的学科，出版了近百部儿童文学教材、文献资料、研究专著。蒋风先生退休后，为了培养儿童文学人才，促进儿童文学事业的发展，筹建了中国儿童文学研究中心，并设有研究生非学历课程，连续多年在青岛、金华、重庆等地举办儿童诗、校园小说、儿童小说、童话、低幼童话等创作讲座，聘请儿童文学界著名人士担任讲师，为当今儿童文学界培养出了一批创作、研究人才。同时他还不辞辛劳，亲自担任了金华地区一些诗社的指导教师，为他们的原创诗集写序、点评，受到了教育界人士的极高赞赏。

圣野与金师附小校长徐锦生在童诗夏令营中

著名童诗作家、首都师范大学的金波教授在紧张的创作之余，选编了中国第一部儿童自创诗歌集。著名童诗作家、儿童文学教育家金本主持的全国小作家协会，每年都要举办规模颇大的少儿作家训练营，参加者已超过五十余万人次。《少年报》副刊主编唐小峰等在上海举办的童诗讲座坚持了十多年，听讲者超过二十余万人。浙江宁波的童诗作家、童诗教育活动家雪野几乎每年都要举办暑期童诗夏令营，请圣野、金波、蒋风等顶尖的童诗作家、教育家前来与小朋友见面，进行创作指导等等，这些都为全国的诗歌普及活动起到了很好的推进作用。据2010年5月的不完全统计，上海和江浙地区的小学、社区儿童诗社就达近千个，其中较有影响的就有近200个。

2010年4月，圣野与蒋风在他们的母校浙江省金华市金师附小校长徐锦生等人的协助下，创办了中国童诗博物馆。馆中陈列有我国现当代著名童诗作家的手稿与作品，为展开儿童诗歌教育提供了一个学习与实践基地。在开馆仪式上，圣野满怀激情地朗诵了他特意创作的贺诗《金凤蝶飞起来了》，表达了老一辈对儿童诗教育的热切期望：

  毛毛虫
  爬过来了

  金凤蝶
  飞起来了

  毛毛虫
  没有想过的事情
  金凤蝶敢想

  一个是
  脚踏实地
  一步一个脚印的毛毛虫

  一个是
  敢想敢做
  飞出了自己
  春天的花园的

美丽的英雄

今天
在金华市的中山路上
中国童诗博物馆
以不飞则已一飞冲天的姿势
忽然升空
给十三亿中国人
给中华诗国的后代们
带来一个非凡的惊喜

鉴于圣野在儿童诗创作、研究与教育上的突出贡献，2009年他被授予第23届陈伯吹儿童文学奖"杰出贡献奖"，在颁奖大会上，授奖委员会的颁奖词用热情洋溢的诗语，对圣野的诗人之路作了精辟的概括：

圣野是一位真正的诗人。

他走路时，脚步踏着诗的一个个字；呼吸时，吸进的是句子，吐出的也是句子；吃饭时，他恐怕连米粒也是往句子里咽；他后来睡着了，可是既然已经在梦中，那么他怎么可以不再朗诵三首诗？朗诵完三首，他对自己说，我还要朗诵两首！因为他睡着以后，已经写了十首诗。

就这样，他不知写了多少诗。

他用诗对世界说话。

他用诗对孩子说话，他还执意地让孩子们用诗对成长说话，对未来说话。

他在已经年老以后，开始走进一个个学校去，他非常辛勤地当起了孩子们的诗歌老师。孩子们欢迎这位天真的诗歌爷爷，他们几乎就把他当成诗歌了！

圣野，是一首有八十多年长度的诗歌。

圣野先生的获奖感言是：

祖国妈妈对我无微不至的关爱，是洒在我身上的让我感受到生命的强大和美好的小雨点，让我懂得"一点要敬一个礼"。

圣野在第 23 届陈伯吹儿童文学奖颁奖会上致辞

在党的关怀下,我像一个春娃娃,不停地向上生长,我像一个活泼的小弟弟,不停地爬呀爬呀,把绿色还给人间。想起了秋姑姑,我就想起,在党的关爱下,我的一生中,有过一些美丽的收获,在冬爷爷的温暖的怀抱里,使我拥有一个像白雪一般纯净的和谐幸福的晚年。

我有一双灵敏的耳朵,时刻都在倾听来自大地母亲的声音。

从1947年春天发表的第一首儿童诗《怅惘》开始,我写下了上万首诗。我的这些诗,都是献给亲爱的妈妈,献给扶我健康成长的党,献给最伟大的母亲。

这就是一位年届95,把诗当作生命的全部的,写了一辈子儿童诗的老诗人,内心最真诚的表达!

艺术访谈

  我童年时，虽然没有写过诗，但是我天天阅读的童年，就是一部永远也写不完，永远使我神往的伟大的史诗。

  我把一生献给了诗，而一首首莞尔微笑的小诗，便是我赖以生存的土地所给我的丰厚的酬报。

——圣　野

圣野接受本书作者之一王亨良的采访

我将永远为美丽的"中国梦"幸福地歌唱

时间：2015年12月8日
地点：上海燕宁苑圣野寓所
受访人：圣野
采访人：王亨良

2015年12月初冬的一个午后，我来到了圣野先生的寓所，要对他作一次采访。他的寓所坐落在上海市普陀区武宁路桥畔的燕宁苑内，虽说是欧式的大楼，但室内的摆设则完全是中式的。看得出，老人家不仅在诗歌创作上，在日常生活中也是十分注重中西结合的。

从客厅的窗台望出去，苏州河在阳光中翻动着黄绿色的波浪。我故意和他谈笑："您写诗的时候，有没有闻到苏州河的异味？"他马上给我纠正道："你那是老黄历了。现在的苏州河经过近三十年的有效治理，水质已有了根本的改善，已闻不到以往的臭味了。你看，河面上还泛起了小小的涟漪，大概是小鱼探出头来在阳光妈妈的怀里撒娇吧！"

一个不经意的涉及环境保护的话题，却引出了圣野先生儿童诗一般的想象。我的采访就是从这样的诗意中开始的……

王亨良（以下简称王）：圣野先生，您是一位儿童诗大家，童年时代的生活与一般孩子有什么不同，最深刻的记忆是什么？

圣野（以下简称圣）：没什么太大的不同。记得我家房门口，常年挂着一张"诗礼传家"的斗方。我的父母养了我们六个男孩子，而且要求每个孩子至少读到小学毕业。有了这点传统文化做基础，即使在家种田，也会显得比别人家的孩子有出息。大哥读过《聊斋》，一有空就跟我讲蒲松龄的鬼故事。因为是一个有点文化的家庭，二哥大麟接受了很多尽孝道的教育，长大后身体力行，成为远近闻名的孝子。我在这个诗礼传家的家庭中成长，长大以后，写了一辈子的儿童诗，愿把自己的一生都献给"诗教"这个伟大的事业，我怎能不首先感谢我的老父亲？他不就是一个中国诗教事业忠厚朴实的传承人吗？

王：听说您是以一首少年诗《怅惘》踏上诗坛的，请为我们介绍一下这首处女作。

圣：我和诗，和文学真正结下不解之缘，应该追溯到我高中三年级准备考大学的时候。那时高中同学鲁兵从浙南流浪回来，以前我和其他高中同学编印过《蒲风》诗刊，曾约他写过旧体诗。这次鲁兵拿着一份自编自印的《岑风别刊》作为见面礼，与我一起畅谈文学的理想，一起朗读了珍藏在案头的手抄本：艾青的《透明的夜》《大堰河，我的保姆》和田间的《给战斗者》等。我们很快有了共同的语言，一股强烈的创作冲动，使我忘怀一切，立即自写自刻自印，出起了油印的文艺刊物《岑风》。这份文艺内刊有书信、日记、散文，也有诗歌、童话，鲁兵刻得一手好钢板，我们印了上百份，分送给了爱好文艺的同学和朋友。我们也鼓励同学一起来写，这应该是我正式走上文学的道路、诗歌人生的开始吧！

1942年3月23日，是一个非常值得纪念的日子，这一天，我的第一首诗在江西上饶《前线日报》所属的《学生之友》上以学名"周大鹿"发表了，全诗是这样的：

> 白天，
> 我自记忆的栅栏里牵出白羊
> 抚摩他，爱他，惜他
> 然而事实却摈弃了他
> 怅惘撒下了网
>
> 梦里，
> 白羊自来凑近我了
> 亲我，爱我，吻我
> 突然，白羊被隔开了
> 我诅咒那一道真的墙
> 我又成了怅惘的俘虏

正如评论家们所指出的那样，诗中的"我"和"羊"实际上是暗喻现实和理想，当"我"曾经爱过的"羊"又无奈地将其"摈弃"，而当"羊"来亲近"我"的时候，却让象征着黑暗势力的"真的墙"给隔开了。此诗虽然只有短短十数行，却写出了我心头的惆怅和对阻碍实现理想的黑暗势力的诅咒。诗的行文简练而又抒情，朦胧而又具有实感，体现出一种淡淡的伤感，唤起了读者对铲除这道"真的墙"的思考。这是我走上诗坛的处女作，从诗中的"我"与白羊相亲、相爱的关系，读者应该不难感觉到隐藏于其中的一份善良的童心，感觉出当时的我带有进步的思想与浪漫主义的一些文学气质吧！

王：《怅惘》以后，您写的基本上是以成人诗为主的，能不能介绍几首您当时的代表作？

圣：这一时期作品有许多，如《草鞋》《井》《他睡》《感情的花朵》等已为大家所熟悉，但我认为后来收入诗集《啄木鸟》中的《童话》《安魂曲》两首诗，也有一定的代表性。

正如你过去所分析的那样，《童话》从题名上来看，它好像是儿童诗，其实并不然，是一首富有童心的成人诗。与诗集《啄木鸟》中的其他一些直接表达爱憎分明的诗不同，《童话》表达了作品中的主人公要用整个身心呼唤革命到来的激情与愿意为此献出生命的决心。整首诗始终处于一个燃烧的情境之中，天上坠落的星，点燃了他的头发，而他的脑袋早就装满了油，此刻，"我"并无惧怕，而是期盼着它"放胆些烧吧"！而且还要把烧红的眼睛"化作两颗红亮的照明弹/向无光的天空射去"，这是愿燃烧自己的生命去换取推翻旧制度，创造人民新天地的坚强决心，写出了向往进步的青年学生不畏强权、甘愿牺牲的壮志情怀。

如果说《童话》里我已经在用激烈的情怀表愿为革命献身的主题，那么《安魂曲》则显得相对沉着与理性。一般说来，安魂是一种用于人死去以后的抚慰追思的仪式，而我却别出心裁地写下了为活着的"自我"安魂。当然写死去，并不是我的目的，我期盼的是一种生命的复活，这种复活不是简单、本能的求生欲，而是"脱胎换骨地/勇敢地辟棺而出"，面对这黑暗的社会继续抗争。诗中的每一句，都是在万籁俱寂的夜晚背景下展开的，看似在说给"你"听，实际完全是我自己内心情感的独白，"我"和"他"合成一体，语调深沉、悲哀而又富有激情与力量，特别真实地展现出了我内心的不安、苦痛、矛盾与希望等的心理活动。

王：1947年，您写下了大量反强权统治的诗作，同时还不断地深入到民间乡村，收集挖掘反映民俗民风的歌谣。能不能谈一下这方面的成果？

圣：成果倒也谈不上，只是做了一些这方面的收集挖掘工作。因为当时我就认识到，民间歌谣是我们诗歌艺术宝库中不可缺少的一部分，是我们诗歌艺术之根。离开了它，我们的诗歌会失去创作的基础，失去人民的拥戴，所以只要一有时间，我就会深入到浙江一些农村的田间地头进行采风，挖掘整理当地的民谣。

1947年初，我去浙江汤溪岳母家度寒假，经过多次走访乡民，我用汤溪方言改编了一首题为《送郎歌》的民谣，发表在1947年11月4日的《新民晚报》副刊

《夜光杯》上。这首汤溪民谣，表现的是送郎姐的一片深情。这种深情不是用单纯的叙述的方法，而是通过场景的转换，对送郎姐的动作、心理活动等一系列描写逐渐深入地展现出来。如她的动作，假装"打郎三拳头"；她的心理活动，"三魂七魄跟郎走"；她的遭遇，"一撞撞得鲜血流"；她的希望，"今年生个荷花女/明年养个识字娃"；她的本分，"一撞撞见个三叔公/一把花伞遮面孔"，以及虽然是在送郎，但最后盼的还是和郎"杨梅树下好相逢"……把送郎姐这个朴素纯情、本分守礼的传统女性的形象很生动地表现出来，也使读者感受到了一股浓郁的乡村气息。

这首汤溪民谣发表至今已将近70年了，它为我们研究浙江的地方民谣提供了具体的资料，应该说也是一件十分值得庆幸的事，如果没有当时的发掘整理，就有可能失传。

王：在您的儿童诗创作生涯中，哪位诗人的作品给您留下了深刻的印象？

圣：在我的儿童诗创作生涯中，给我印象最深刻的应该是郭风。1948年，我从黄庆云主编的《新儿童》里读到了郭风的儿童诗集《木偶戏》，后来在《小朋友》杂志上也陆续看到了郭风的《小郭在林中写生》等杰作，我一直把这些看成是中国儿童诗中最佳最早的作品。

我曾经说过，走进郭风的诗里，你就可以闻到十分新鲜的空气。他的儿童诗语言明净、亲柔，你很难找出一个生硬的、不适合孩子们消化的字眼。诗的旋律优美动人，他不是用简单的音韵在唱歌，而是用天真无邪的童心在唱歌。诗情画意里，藏有很多的蜜，那蜜，是他在辛勤的艺术劳动中酿成的。歌唱劳动，歌唱友爱，歌唱一切人间的美德，是郭风儿童诗世界永远的歌唱主题。他教给我们爱，教给我们真诚，教给我们快乐的劳动，教给我们无私的高尚的友谊……我是在山村中长大的，我发现，我虽爱自己的山村，却远远没有像郭风，爱得那样的深沉与热烈。在表现形式上，郭风创造了一种新的自由体，走两步，歇一歇，整齐而不求匀称，是一种自由、流动而又十分优美的文体。

另外，我在《郭风的世界》一文中也指出，走进郭风的诗里，像走进一个用绘画，用音乐，用几千年来优美的情操组成的美好的世界。我甚至担心，自己会成为一个迷路的孩子，怕一走进他的五光十色的童话诗世界里，就再也出不来。可以这么说，郭风的儿童诗大大开阔了我的创作眼界，为我当时作品中童心浪漫主义诗风的形成起了促进作用。1948年，我第一次选编了一部儿童诗选《小母亲》，其中就收入了郭风先生的一组儿童诗《林中》和《小郭在林中写生》。

上世纪80年代，郭风的儿童诗集《小郭在林中写生》由少年儿童出版社出版了，在上海第四师范学校（现上海师范大学初等教育部）教书的程逸汝老师，每年都请我到他们学校给有志于儿童诗创作的学生们谈郭风的诗歌，想不到这些听讲学生里的毕国瑛等学生日后还真成了儿童诗人。当时郭风还专门请我和鲁兵到福州开童诗讲座，并把谈诗会过程在内刊发表。在少年儿童出版社和上海市民间文艺家协会联合为我举办从事诗歌创作60周年研讨会前，我收到了郭风等一些文学前辈给我寄来的勉励的信，使我深受鼓舞。

王：您年轻时创作的儿童诗集《小灯笼》和《欢迎小雨点》是中国现代儿童诗历史上的杰作。当时写的时候，有没有感觉到这些作品会产生巨大影响？

圣：1948年出版的儿童诗集《小灯笼》和1955年出版的《欢迎小雨点》中的绝大部分作品，是1947年我因在浙江大学参加反蒋学生运动而引起国民党当局的关注，不得已去杭州附近的临安乡村避难时写的。寂寞的山中岁月，与我每天碰面的是一个基本不说话的天真可爱的六七岁的小妹妹。在那个静得连一根针掉在地上都能听得到的小山村里，跟我说话说得最多的，就是大自然。我万万没想到，这些与小星星、小花朵、小风们的脉脉含情的对话，竟会点亮一个童诗灿烂的年代。这些诗之所以在中国现当代儿童文学诗史上产生影响，应该是当时的创作理念与一般的儿童诗作家有所不同，即儿童诗要对儿童起到一种"美感教育"的作用，要从与大自然和孩子的生活实际相联系，写出符合儿童思维的优美奇特的想象，并用儿童本位语言表达出来。现在看来这条路子是走对了，这些诗至今还能得到小读者的认可，可见其长久的生命力。这两部集子里的不少作品，如《小灯笼》《一天里的来信》《捉迷藏》《欢迎小雨点》等后来入选过很多集子，有的还被译成多种外语，介绍到国外，受到了海内外亿万少年儿童的欢迎，这是对我的创作理念与实践的最大肯定，我感到十分欣慰。

王：您在新中国成立前已经写过不少童话诗，能不能介绍一下新中国成立后，您的第一首童话诗？

圣：你的这个问题提得好，很多评论家对我的上世纪50年代中后期、和"文革"之后的童话诗创作关注度较高，而对我在新中国建立初期的童话诗注意得就比较少，其实我当时的童话诗创作还是比较多的。就说一首1950年我在《中国少年儿童》报第22期上发表的《小鸭子对我说》吧，有评论家曾指出：这首童话诗的结构完整，层次清晰，用较生动浅显的语言，特别是通过拟声词的应用，以及对小鸭子一起过桥、跳水、捉鱼等游戏场面的描写，用孩子的口吻揭示出，只有在集体里才能享受到的快乐的道理。它反映出了我对蕴藏在儿童诗中的教育性的一种新的理解。

此外，这首童诗与我解放前的一些童话诗，如《没有名字》《关于脸红》等在表现教育意义的手法上有了很大的变化，以前大都是通过作品中的"大人"用讲道理的形式在诗的结尾处向"我"提示出来的，而《小鸭子对我说》却不同，其主题意义则是通过"小鸭子"在集体活动中自然而然地体会到、并用"自己"的语言表述出来的，这大概就是我当时在儿童诗教育观上的一个重要改变吧。

王："文革"结束后，您的童话诗力作《春娃娃》《秋姑姑》《夏弟弟》《冬爷爷》等在儿童文学界引起了很大反响，这些作品与您以前的童话诗有什么不同？

圣："文革"结束后，我的主要创作成果还是集中在童话诗方面。1979年3月天津人民美术出版社出版的我的组诗专集《春娃娃》里，收录了《春娃娃》《秋姑姑》《冬爷爷》三首新作。这三首诗连同1962年发表在《人民日报》副刊上的《夏天》（后改为《夏弟弟》），日后被儿童文学评论界称之为儿童诗"四季套曲"。其中，《春娃娃》特别引人注目。

《春娃娃》采用的是在虚拟的童话世界里表现现实题材的方法创作的，过去在一般的儿童文学作者眼里，作为虚拟世界的童话，其内容的真实性往往会被忽视。而我却完全不是这样想的，我认为，即使是虚拟的童话世界，其作品的内容也可以显现出一定的真实性。所以"春娃娃"是虚拟的，但又是现实生活中可以捕捉到的孩童的化身。例如："春娃娃"从春天的林间、地头、枝头冒出来，在花园里听课、放风筝，和小秧苗一起办科学种田学习班等等，这一切的一切，都是童话的艺术境界，但又是我们现实生活的真实写照。让小读者形象地体会到了"春娃娃"所带来的大自然美丽景色的同时，也感受到了它们在现实生活中的真实存在："春娃娃"是一个充满活力的爱学习、爱劳动、爱科学、守纪律，各方面都得"满分"的好孩子。

这首童话诗在内容构造上与我以前的作品不同，如《布娃娃过桥》《夏天》等，我主要是先设计一个故事，再按情节的起因、发展、高潮、结局等顺序来展开内容。而这首童话诗由于内容含量大，具体要表现的方面比较多，所以我巧妙地采用了一般只有在散文创作中才运用的"形散神聚"的方法，以一条以季节特征为中心的主线，然后用几个内容板块将其有机地组合起来。所以诗的内容虽多，但并不觉松散，其中段与段之间的过渡十分自然，没有一点拼凑的感觉，体现出长篇诗歌篇章结构上的独特之处。

我的儿童诗向来比较注重画面效果的特点，既是在写诗，但似乎又是在用文字作画，如早期的代表作《欢迎小雨点》里所展现的江南美景。在"四季套曲"中的《秋姑姑》《冬爷爷》里，由于反映的是北方农村生活，我用较细腻的笔触为小读者描绘出了一派北方秋冬的景色,语言上还运用了具有北方方言特征的"儿化韵"等,产生出了较强烈的带有地方色彩的艺术感染力。

在诗的外在形体构筑上,我首次将阶梯诗的表现技巧运用到了童话诗中,这些处于阶梯位置的诗语,既有起强调作用的,有用来舒缓语气的,也有用来腾出一定的空间让读者自由想象的特征。总之,我将阶梯诗的某些元素应用到童话诗里,在一定程度上丰富了童话诗的外在形态,也算是对儿童诗创作在形式构造上的一种探索。组诗《春娃娃》后来获得了第二次全国少年儿童文艺创作评奖的二等奖。

王:"文革"结束之后,您的童话诗创作可以用"井喷"一词来概括,听说当时有首题为《雷公公与啄木鸟》的童话诗,不仅在国内引起了不小的反响,还作为中国儿童诗的代表作,被译成多种文字介绍到国外,能不能简单地介绍一下这首诗作?

圣:1978年7月我在《好儿童》杂志上发表了《雷公公和啄木鸟》,这是一首有对少年儿童进行文明礼貌教育意义的童话诗。诗中以"我"(我的小孙子)敲门声音的大小比作"雷公公"和"啄木鸟"的声音,结果响得过分的"轰轰轰"的雷声奶奶却听不到,而轻轻的"笃笃笃"的啄木鸟的声音反而受到了奶奶的欢迎。诗中的"雷公公"和"啄木鸟"都是孩子们非常熟悉的形象,以此他们很容易感受到文明礼貌的重要性,同时也体验到了祖孙间的至爱亲情。

正如我在《圣野儿童诗创作理论与实践研究》中所分析的,在具体的创作手法上,我将整个童话情节组织了三重对比:"雷公公"与"啄木鸟";"轰轰轰"与"笃笃笃";奶奶的前后变化:"敲了老半天/敲得越是响呀/里面越是没声音"与"奶奶奔出来/像闪电一样/欢欢喜喜接小孙"。这些强烈的对比,可以说是将两者之间的区别夸张到了极点,其中的道理也就十分清楚地显现出来。同时对奶奶的动作描写,如"奔出来""像闪电一样",从表面上看都不是现实生活中老奶奶所能做的动作,但正是由于这种夸张的描写,诗中呈现出了非同一般的风趣幽默的色彩。

有人可能会这么说,我的《雷公公与啄木鸟》主要是以风趣幽默的特色取胜,和我过去的童话诗相比有很大的不同。其实我在儿童诗创作历程中,一直没有停止过在思想与艺术上的不断探索,追求诗歌题材与表现方法上的多样化始终是我创作的动力。

王:听说您在上世纪90年代,曾根据自己的写诗实践,创造出了一种独特的文体"长短句",引起了圈内人士的热评。这种新文体是怎么形成的,又有哪些特点?

圣:我有个习惯,喜欢一边走路,一边构思诗。有了诗就要停下来写,走走停停，有长有短，走的路多了，诗也写得多了，逐渐形成了一种独特的文体，名之为"新长短句"。它是介乎诗和散文之间的一种文体，意到笔随，长短随意，行云流水，无拘无束，谓之"新骚体"也可。

新长短句虽以散文的形式出现，但它本质上还是诗，只是读起来更增加了一种流畅感和抒情味，"忽如一夜春风来，千树万树梨花开"，新长短句，在感觉上是一片出现在东方的云彩，更加灿烂，更加多彩，能给人一种目不暇接的愉悦感。新长短句前进的节奏，展示了一个人的意象流动的过程，在各个环节之间，既是相对独立的，又是藕断丝连的，一篇新长短句，像是一组松散的联盟，你读了以后会有一种繁星点点、星光灿烂的感觉。它不再是一个单细胞的分裂体，而是一个意象环生、浮想联翩的综合体。如：

人的思想是复杂的，当你有所触发的时候，你走进我的世界，我走进你的世界，各种感官相互渗透，人也变得灵动透明起来。

我常常冲破格律诗的重重束缚，拿新写好的新长短句，到孩子中间去朗读，孩子们听了我的诗，微笑着，感悟着，默默地点着头，这些热情而奔放的诗句，起到了点火柴的作用，把他们心中理想之火，点燃了起来，在孩子们交上来的一挥而就的作业本上，我看到了一片明亮的山火。至今为止，我的新长短句写了将近二十年，作品也有好几百篇了，作为探索的新文体，想着要在适当的时候结集出版。

王：您的诗风曾出现过多次转型，表现出来勇于探索与创新的精神，是什么力量促使您永不停步？

圣：确实是这样，我的诗歌风格出现过几次转型，新中国成立前从写激情四溢、火山爆发式的战斗诗，到充满童心浪漫主义色彩的儿童诗；从《列车》里的带有惆怅伤感味的诗，到反映部队战斗生活的诗；新中国成立后从写实的儿歌起步，历经了在教育性和艺术性上具有探索意义的多部童话诗创作；特别是歌颂改革开放的长篇童话诗《春娃娃》，用了虚实相接、板块错动的结构方法，被专家认为颇有新意，也是我的儿童诗在那个时期最有代表性的作品之一。

但如果要说真正能反映出改革开放后我在儿童诗创作思想上思考的，可能就是1979年2月在《诗刊》上发表的《神奇的窗子》。诗作以"我"——一个充满艺术想象的孩子口吻，抒发了对探知自然、探知未来的渴望。可贵的是这些渴望是在白天"我"自己画出来，也就是在这画出来的想象里，"我"实实在在地感觉到了"歌声进来了／阳光进来了／凉风进来了／花和树木的香气／也都进来了……"，不过这只是一个开始,"晚上/我凭着这扇/神奇的窗子/和遥远的/还不知道名字的/明亮的星星/对话",将整个想象推向了一个高潮,而这种感觉完全是凭借"我的嘴巴/我的鼻子/我的耳朵/和我的眼睛……"得到的。

我笔下的"神奇的窗子"正是儿童心中幻想世界的具体写照,幻想较想象而言,其思维的基点可以是凭空的,所以也可以说是空想,但正是这个幻想或空想,十分准确地表现出儿童区别于成人在思考上无拘无束的特点,这就是我们常说的儿童与生俱来的一种思考的天性。我将这种思考的天性,上升到了"我什么都能感觉到"的自身力量上的自信,艺术化地将思考的天性化作了儿童在艺术上的灵性,并将其运用到童话诗意境的创作中,不仅使《神奇的窗子》透射出了神奇艺术魅力,也给我们在童诗中如何进一步开拓艺术的想象提供了实践性的参考。

其实改革开放的年代一到来,我不仅感到我家的门窗打开了,连我的鼻子、我的嘴巴、我的眼睛、我的耳朵都在跟着动,还有我那转个不停的非常兴奋的脑袋。你问我是什么力量促使我永不停步,那就是我这一颗对诗歌艺术的热爱之心。时代在发展,读者的鉴赏能力也在向上,一个诗人,如果不随着时代的进步去探索创新的话,那写出来的诗就会有陈旧感,得不到读者的认可。

王:您曾是金萧支队的战士诗人,解放后像您这样的老革命都成了官员,而您为什么会始终坚守在为孩子写诗的岗位上?

圣:新中国成立前,我选择的岗位是在《中国儿童时报》当一个站岗的编辑。后来参了军,当了文化干部。新中国成立后,从部队转业后到了《小朋友》编辑部当了三四十年的编辑。1986年我离休后,我的岗位还是没有变,依然在做着一个甘为人家作嫁衣的编辑。我把一本一本诗,"打扮"得漂漂亮亮的,送它们"出嫁",这可是我一生最大的快乐。因为爱诗、爱孩子,我的生命是诗的情感、想象、语言、韵律维持着的。其实在我们作家队伍里,有许多都是从新中国成立前就参加了革命,用我们的文学作品与敌人作战。新中国成立后还是选择了当文学战线上的战士,因为我们把文学、把诗看成是终生的理想。虽然我已是94高龄了,但我还是在不停地写,不停地编。最近我选编了《童诗365》,选了"五四"以来我认为最佳的365人的365首诗,希望能给小读者再增添一些诗歌方面的宝贵食粮。

王:上世纪90年代初,您曾用以诗论诗的方式出版了题为《诗的散步》的诗歌美学理论探讨集,能不能谈一下这部书的形成过程和理论研究上探讨的要点?

圣:早在新中国成立前,我在中学和大学求学期间,就十分爱读朱光潜先生的美学名著《谈美》《给青年的十二封信》和叶圣陶、夏丏尊合著的《文心》以及艾青的《诗论》等。新中国成立后，我又仔细钻研了国学大师王国维的《人间词话》和钱锺书的《论通感》，这些名著都涉及诗的美学问题。在一般人眼里，诗歌美学是一种神秘莫测的高深学问，而我却不那么认为。如何让诗的美学走出书斋，走向人民，能为更多的人所接受、所理解，来提高诗歌创作的审美层次，一直是我想尝试的课题。同时我还觉得，诗的美学不单纯是个理论问题，更主要的是个创作实践问题。我曾经说过，让爱游泳的人，来多谈谈游泳术，听起来也许更实在、更亲切。

1991年，我将正在发展中的诗歌理论，特别是儿童诗理论，结合自己的创作经验，出版了《诗的散步》这部诗歌美学理论探讨集。这部书是以自由诗、散文诗的形式写成的。这也是继艾青的《诗论》之后，为数不多的用以诗论诗的方法探讨诗歌美学理论方面的专著，受到了理论界的关注。这部书在形成过程中，曾有同行对我"以诗论诗"的写法抱有不予苟同的怀疑，认为这会影响诗歌研究学术性的表达，但我却坚持用诗体来表现，结果这些自由体诗成了支撑了我诗歌美学论述中的具体范例。

《诗的散步》中的诗歌美学观都是建立在我几十年诗歌创作实践中积累起来的心得体会上，其中谈到了诗人必备的基本素质、诗歌创作的一般过程、诗的个性表现与创新等。当然这本书里有许多篇幅都是谈儿童诗创作的。如童心的转化，即作为成人的诗人如何重拾小时候曾有过的童心。我说过，没有童心，就没有儿童诗。从"孩子们"写到"我们"，是诗人自己亲切地完成了向儿童世界的转化。

在童趣的提炼方面，我主张在生活中一定要"向孩子看齐"，儿童文学作家和诗人要成为孩子中的一员，首先要向孩子学习，只有到孩子中去，与孩子作深入的交流，才能懂得他们的心，发现真正的童趣。所以在日常生活中注意对孩子的观察是十分重要的，要在观察中发现孩子与成人不同的思维方式、动作行为，也正是因为这些不同，让我们认识了孩子，写出了富有童趣的诗。同时，我们在儿童诗的表现形式上，要注意诗的色彩，即根据儿童的心理特点，把语句写得色彩斑斓，这样一定会受到他们的欢迎。

我一直这么认为，既然是让孩子读的诗，当然要具有一定的教育性。但教育性一定要通过艺术形象的塑造自然而然地体现出来的，而非直露地说教。还有，在日常生活中孩子们喜欢游戏，喜欢开心地笑，所以如果能把儿童诗写得风趣幽默，充满愉悦感，那么就等于回归了这种游戏精神的本质。

幼儿诗历来是儿童诗创作的难点，我在《诗的散步》里也着重介绍了自己在这方面的经验和技巧。幼儿诗作为低年龄阶段的读物，有其特殊的创作特点，它需开门见山，直接将孩子带入具体内容中，以引起他们的听读兴趣。当然，要引起他们的听读兴趣，就必须考虑到他们的理解接受能力，所以要突出"浅近"二字，尽可能要用分段、拆句，让诗的表现形式浅点，再浅点……

王：记得当时您还出版过一部受到青年诗歌爱好者欢迎的《诗的美学自由谈》，能不能介绍一下这个方面的情况？

圣：《诗的美学自由谈》是1991年由华东师范大学出版社出版的。与《诗的散步》不同，这本书借鉴了古人论诗的方法，从独特的诗歌审美视点出发，比较系统地从诗的建筑美、音乐美、质朴美、想象美、语言美、抒情美、哲理美等七个方面，结合著名诗人如田间、公刘、吴奔星、余光中、任溶溶、金波、叶延滨、傅天琳等诗人的典范之作，对诗歌美学作了进一步的探索。当时的目的就是要让青年诗歌爱好者能够初步认识诗歌的审美理论和创作技巧，这对诗歌审美知识的普及与创作水准的提高有着十分积极的作用。

例如：诗的建筑美。诗是文学园地中最美的文字，要从里美到外。我把诗的外在的美直接称为"诗的建筑美"，也就是要像建筑艺术一样，"讲究布局、对称、讲究一种排列的美"。基于这个认识，我概括出了齐整、楼梯等多种形式。

再如：诗的音乐美。诗从它诞生的第一天起，就与音乐紧紧地联系在一起，要不人们怎么称之为"诗歌"呢？是歌当然有音乐，我曾把这两者形容为"是一对孪生姐妹"，并认为在诗歌创作中，"是音乐感制约着诗，而诗，大概有它自己的完美的节奏。韵文体也好，自由体也好，都少不了要有内在的节奏"。所以我是将诗的音乐感和节奏感作为诗的音乐美的主要标志来研究的。

王：1997年您出版了一部儿童微型诗集，受到了儿童文学评论界的关注与小读者的欢迎，能不能介绍一下这部诗集？

圣：1997年出版的《芝麻花开》是一部儿童微型诗集，这被当时的诗歌界称作最具有探索意义的新品种。诗集分为《童心童趣》《爱在人间》《友谊花》《走进大自然》《祖国》《你醒来了》等七辑，收入了我的八百首微型诗。短的只有一两句，最长的不超过三句，其内容几乎涵盖了诗学、美学等各方面的内容。有评论家说："诗中有美妙的想象、活泼的童趣、强烈的抒情、冷峻的思索，为我们展示了诗人半个多世纪来在诗歌创作中所得到的人生感悟与诗歌美学思考。"但我自己却认为《芝麻花开》"只不过是一堆不显眼的芝麻"。

著名诗人、微型诗研究家穆仁先生读了后却认为"我宁可咀嚼这些结结实实、有滋味的小芝麻，不愿啃那些充水浮肿、如同嚼蜡的大西瓜！因为艺术作品的分量，毕竟不决定于块头的大小，而决定于内在的含蕴。'宁吃仙桃一口，不吃烂杏一筐。'"

穆仁先生指出，诗集中的微型诗分成两大类：一是蕴含哲理的微型诗，二是洋溢着童趣的儿童微型诗。而他本人则偏爱其中的儿童微型诗。这是因为他上世纪50年代初曾读过我的一部儿童诗集《欢迎小雨点》，可能是它的生动活泼给他的印象太深。四十七年后当他再次读到"如此生动活泼、童趣盎然"的诗，让我感到"惊喜莫名"。

王：听说您在深入学校搞童诗教育时，十分注重与小朋友作交流，并为他们写下了大量的寄语诗，能不能介绍其中的几首？

圣：我把诗歌创作、教育结合起来考虑，同时也把这看成是和小诗人的一种心灵交流的方式，在普及诗歌的教育活动中给他们写下了大量的寄语诗，这样就能始终和小诗人处于一种零距离的接触中。我曾用自己的诗句说过："和孩子交朋友／就是和二十一世纪交朋友／就是和灿烂的明天交朋友／灿烂的希望交朋友。"

1999年由黑龙江少年儿童出版社出版的《跨世纪的问候》是我在即将进入21世纪时，写给小诗人们的寄语诗集。这些寄语诗不是口号式的勉励的话语，而是通过某个艺术化了的形象，告诉孩子们时代对他们的要求和希望。如《握手》："握住你的／小手／我握住了一个／明天的巨人。"握手原本是大人互致问候的动作，但我却把这个动作用在和小诗人的亲近的友谊之中，表现出对小诗人寄予厚望。在《毅力》一诗里，我写道："多少年的痛苦／拥抱着一颗坚贞的沙石／使它成为一颗灿烂的明珠／……小小鸡／用自己的力气／啄开坚硬的蛋壳／……"我就是这样不厌其烦地用这些诗作不断鼓励小诗人，同时也告诉他们如何从日常生活中去寻找、发现诗。

王：七十多年来，您所创作的万余首儿童诗之中，儿歌占了近百分之二十，是全国童诗作家中撰写儿歌最多人的之一，是否能谈谈您在这方面的创作体会？

圣：儿歌也叫童谣，是儿童诗的一个很重要的部分。正如大家所知道的，我写儿童诗是从写儿歌起步的。新中国成立初期我曾出版过一本儿歌集《灯花开》，当时的作品并不很成熟。经过近六十多年的磨练，我的儿歌已完全摆脱了那种在内容上片面强调以政治、教育为中心的束缚，重视从儿童的现实生活出发，坚持题材的多样化和让儿童喜闻乐见的艺术追求。

我的儿歌题材十分丰富，有的强调热爱祖国、歌颂党的领导，有的引导孩子积极向上的思想，有的反映孩子多彩的业余生活，有的传播科学和生活知识，当然也有的表现孩子浪漫的艺术想象等等。如上世纪80年代创作的《对表》，通过每天与北京时间对上一次表，表现出了"心和祖国一起跳"的爱国主义思想。《绿化地球它领跑》是通过"村边草""路边草"这些"既平凡,又渺小"的形象和"一绿绿到天边边"的作为,赞扬了它们"绿化地球它领跑"的功绩。《都是好孩子》则通过"张家小胖子""李家小柱子""王家小妮子""周家小豆子"等做好人好事的例子,表现出了少年儿童的精神风貌。《扮老公公》《小广播箱》《模仿操》《小医生》等表现了孩子们丰富多彩的业余生活,《飞一飞,跳一跳》《小猴子》《小狗熊》《过河谣》等则用拟人化的手法来刻画小动物们走路、玩耍、睡觉、过河等的动作,表现了它们天真活泼的可爱个性。还有咏物的《水仙娃娃》,不仅写出了水仙"爱喝清水/不吃泥巴"的真实习性,而且还让孩子品味到了其高雅、洁净的品质特征……总之涵盖了现实生活中孩子们的方方面面。

而在创作中我也比较注意创作手法的多样化,既吸收了传统童谣中的一些深受儿童喜爱的表现形式,如顶针格、绕口令、顺口溜、摇篮曲、谜语格、连锁调、数数歌、问答歌、排比格等,又吸收了新儿歌创作的一些新鲜的东西,特别是融入了崭新的儿童生活内容,使我的儿歌作品深受儿童的喜爱,很多作品成为幼儿园的保留作品。直到现在,我依旧怀揣一颗童心,继续创作着为孩子们所喜爱的儿歌。

王:您爱才如命,发现和培养了不少国内外儿童诗坛崭露头角的,或已经成熟的儿童诗作家、评论家,能不能介绍一下其中的几位?

圣:儿童诗创作、评论需要有后来人。1957年春,我执教的中国人民解放军第十九速成文化中学语文组,受到了军委总政治部文化部和华东军区政治部文教科的关注。他们派了一个组到学校来总结经验,准备试编部队速成中学的语文教材。汪习麟同志作为华东军区文教科的一员,亦随同前来。他怀着极大的热诚,听我谈学习毛泽东诗词的体会。当时,只有郭沫若、周振甫等少数专家敢于对毛泽东诗词发点议论或对某些关键词语作些注解,而我在部队的文艺晚会上,敢于对毛主席的诗词作"浮想联翩"的演绎,被汪认为是一种非常大胆的举动。出于对文学艺术的喜爱,他和杨里岗常到我的宿舍来促膝谈心,我们很快成为非常默契的朋友。

1957年6月底,我从部队转业到少年儿童出版社,汪习麟已早我半年来到上海淮海路上的比乐中学任学生共青团组织的专职负责老师。我经常可以看汪习麟在给上海的一些报纸副刊上写影评、书评之类的小文章。于是我就找到他,给他出主意:这种报尾小文,就是写一辈子,也写不成气候,我给你开列十二个全国著名的儿童诗人的名字,每人写一篇评论,到《儿童文学研究》发一发。评完之后,出本评论集,你就可以一炮打响。

他觉得我的建议有道理,根据我给他提供的资料默默耕耘起来。他的第一篇评郭风的诗论,写得十分抒情,行文也很清丽,在《儿童文学研究》上一刊出,果然获得了好评。就这样坚持了几年,他把在各地发的有关中国儿童诗人的诗论集起来,由我介绍到陕西的未来出版社,不出所料得到了采用,用《儿童诗散论》的书名正式出版了。当然在这过程中,《儿童文学研究》这本杂志的创刊人鲁兵也给予了很多的鼓励。后来《儿童文学研究》的主管贺宜同志一道帮了忙,把汪习麟同志正式调进了少儿社,成为《儿童文学研究》的责任编辑。汪习麟曾经做过的文学梦,终于完全实现了。

常福生是上世纪60年代初我在《小朋友》编辑部工作时,在众多的来稿作者中发现的一位诗人,当时他在长宁区的一所小学任教,有接触孩子的生活基础,我发现他写的诗,虽在艺术表现技巧上不很成熟,但有发展的潜力,于是就约他来编辑部与他一起改稿。他的作品终于在《小朋友》上发表了,从此一发不可收,写出了不少好诗,有的还被选入各种有影响的集子,成为我国儿童诗界知名的儿童诗作家。

"文革"结束后,儿童诗创作队伍有青黄不接的情况出现。1980年我应邀担任上海青年诗歌大赛的评委,参赛的一位在托儿所工作的青年教师郑春华写的儿童诗引起了我的关注。在我的力荐下,她的作品获得了一等奖。由于她有生活环境的底子,对幼儿心理比较熟悉,作品越写越好,不仅在诗歌方面,在小说、童话等都有力作问世,曾多次获得全国儿童文学奖,成了中国当代儿童文学界名副其实的中坚。

儿童诗作家毕国瑛曾经就读于上海第四师范学校,我应该校程逸汝老师的邀请,到他们学校去开儿童诗的讲座,给了她很大的启发。后来她参加了少年儿童出版社举办的诗歌创作讲习班,写出了许多优秀的儿童诗,受到了儿童文学界的关注。

赵小华原来是上海光复西路第三小学的一位语文教师,上世纪90年代中后期,我到她任教的学校指导小朋友写诗时结识了她。赵小华也开始学写儿童诗,还与我一起编写出版了童诗教育的教材,受到了小朋友们的欢迎。赵小华的文学才华很快得到了大家的认同,她被选拔到中福会所属的《少先队活动》杂志担任副刊编辑。后来她加入了上海民间艺术家协会,担任歌谣专业委员会的副主任。

唐池子博士是前几年涌现出来的儿童诗新人,围绕着她的诗开始有些争论,但她在我的鼓励下抱着积极探索、永不放弃的信念,终于出版了她的诗集《昨晚的梦》,去年她的散文诗集《我是随风奔跑的风滚草》还被著名儿童诗作家金波先生编入"海峡两岸顶尖散文诗作家"丛书。唐池子不光写儿童诗,最近几年在童话、散文、儿童文学评论、儿童诗教育等方面都取得了不凡的创作业绩,成为目前国内儿童文学界令人瞩目的新星。

鲁守华是我的忘年交,在儿童文学创作上虽然起步比较晚,但在我的潜移默化下,经过十几年的努力学习,已经出版了儿童诗集《迷人的星星》、散文集《与太阳赛跑》，还担任了由金波先生主编的《中国儿歌大系》（华东区卷）的副主编。承蒙上海民间艺术家协会歌谣组同仁的信任，他还被推举为歌谣委员会的副主任……

在培养小诗人方面，我也比较有收获，曾指导过的孩子出版的习作集已不计其数。其实孩子学写诗，真正的目的并不是要成为一个诗人。事实上小诗人长大后成为有影响的诗人也只是少数。我们的诗歌教育主要是面向大多数，让大家通过参加诗歌欣赏、创作活动度过一个欢乐的、富有诗意的童年，进而达到提升素质教育的目标。另一方面，我搞童诗教育，也是为了老有所乐，能帮助别人，改出一首好诗，对于我来说，也是一种奉献。做一些力所能及的事，也许还有一种对党、对社会的感恩在起作用吧！

王：目前儿童诗创作不景气，有人把这归结为动漫和其他视听作品的兴起，认为它们抢了儿童诗的市场，对此，您是怎么看的？

圣：不仅仅是儿童诗，整个诗歌创作都出现了一个被称作不景气的状态。其实形成这种不景气的根本原因，并不能简单地归结为其他样式文艺作品的出现。市场竞争可能会产生一些影响，但不是主要的。我曾经说过，摩天楼有24层，诗歌永远是处在最高层的，意思就是诗歌在其他文学样式中永远是处于最高位，是永远不会被取代的。中国文学史上最为成熟的作品就是从《诗经》开始的，这是我们文化传统中公认的瑰宝。不久以前习近平总书记在文艺工作座谈会上的讲话内容全文发表了，所以我们一定要好好学习这篇讲话的精神，将社会主义核心价值观落实到儿童诗创作中去，把我们这个诗歌大国的传统特色很好地传承下去。

王：现在儿童文学评论界出现了一股否定儿童文学有教育性的思潮，对此您是怎么看的？

圣：对儿童文学具有教育性，这一观点是不能否定的。但如何来理解这个教育性，当然可以有不同的理解。过去在极"左"思潮横行的年代，这种教育性被塞进了错误的政治观念，现在这个现象基本不存在了。其实儿童文学的教育性有着十分丰富的内涵，德育、美育、生活、科普等都包括在里面。我们不能从一个极端走到另一个极端，还是要从儿童文学的本质来科学地认识这个问题。这里我可以以著名儿童文学作家、诗人、儿童文学理论家贺宜的诗作为例。

贺宜同志在新中国成立后，写了大量的儿童诗，出版了许多诗集，如《同学，亲爱的朋友》《重要的小事情》《我们开辟的小花园》等，至今读来，仍觉新鲜，这是为什么呢？这是因为他的诗，写家庭也好，写学校也好，写国际主义题材也好，都与祖国的命运休戚相关。他可不是干巴巴的说教，而是让生动的艺术形象说话。

他的诗语朴素、平易，没有花哨的字眼，可就是这种白描式的写法，往往会打动小读者的心。可以看出他注重的是诗的内在素质，而不是表面的华丽。贺宜同志曾经当过多年的教师，他在写这些教育诗篇时，始终没有忘记，自己首先是一名人民教师。爱妈妈，爱老师，爱教室的课桌椅，爱校园的一草一木，爱祖国的山山水水，爱祖国的今天，更热爱祖国的明天……这些在他的诗里，像钢筋混凝土一样，凝成了一个十分牢固的整体，把每个孩子天天向上的心，牢牢地系在了建设社会主义新天地的伟大事业上。这是一个人民教师的庄严职责，也是一个儿童文学作家的职责。贺宜同志在儿童诗中举起了爱国主义的旗帜，据我的理解，实际上就是共产主义的理想教育在诗歌中的形象化、具体化。

记得在上世纪50年代，贺宜同志开了个好头，紧接着，金近的《我真想入队》《小队长的苦恼》、袁鹰的《篝火燃烧的时候》、柯岩的《小兵的故事》和田地的《明天》《他走在阳光下》等像火炬一样明亮的朗诵诗和故事诗，曾经燃烧起多少少年儿童奋发向上的心！

我认为在改革开放进入到一个新的时代背景下，我们儿童文学、儿童诗创作仍然不能忽视其教育性，只不过对教育性的理解，在观念上可以更宽泛一些，艺术表现手法上可以更新颖一些，千万不能走极端，不要将道德教育与艺术教育对立起来，要满足儿童个性全面发展的需要。这是关系到我们下一代的思想素质形成和儿童文学、儿童诗艺术创新发展的重大问题。应该说，这与目前儿童文学界所提出的，要以习近平总书记提倡的社会主义核心价值观主导儿童文学创作的建议是相吻合的。

王：能否评论一下我国儿童诗创作的现状，有哪些突出的成就和不足？

圣：我国儿童诗创作的现状，整体还不错。老诗人宝刀不老，笔耕不辍；新秀层出不穷，虽然有些作品稍嫌稚嫩，但仍有着十分大的潜能。从出版的情况来看，2008年湖北少年儿童出版社出版的百年百部儿童文学名著中，有多部诗集。不久前由著名儿童诗作家金波主编的《中国儿歌大系》也顺利出版了。我深深地感到，我们这个国家还是比较重视童诗创作的。鲁兵主编的《365夜儿歌》和我主编的"亲亲丛书"二十种，总发行数超过百万册以上，这在新中国成立前是不可想象的。全国有这么多的儿童出版社，出版的中外儿童诗集应该也不少。同时，在中小学的语文教材里，也选入了郭沫若、冰心、金波、张秋生、我等人的诗作。在全国儿童文学奖评选中，儿童诗一直受到领导的重视和大家的关注。另外各省市也经常举办一些全国性的童诗、童谣征集活动，这些对营造儿童诗、童谣创作气氛，丰富孩子们的课外阅读生活都是有好处的。如果说不足，那就是要发动整个社会都来关心孩子的成长，关心童诗童谣创作，不能只凭儿童诗作家、教师的努力。我还希望今后的出版社能推出有世界影响的大诗人作品，要加强对外童诗创作交流，让中国儿童诗为弘扬中国的诗文化作出更大、更有震撼力的贡献。

王：您是怎么看待自己的人生，有没有什么遗憾之处？

圣：从1942年发表的第一首诗《怅惘》到现在，我已写了上万首诗，先后创作出版了80多种诗文集，由我主编的诗丛和文丛也有30多种。我一生孜孜以求，多数的时间是在和诗打交道。我做了许多梦，也都离不开诗。我觉得我已为中国童诗的繁荣和发展作出了一份应有的贡献。简而言之，我把自己的人生概括成诗歌人生，一生的目标是为了诗化中国，所以从事诗歌创作，特别是儿童诗创作70多年来，我一直在坚持不懈地努力。我是一个接受了五千年诗教传统熏陶的诗人，我将永远为美丽的"中国梦"幸福地歌唱。说到有什么遗憾之处，我想我的遗憾应该和每个诗人、每个诗歌爱好者都一样的，就是什么时候，才能让我们的诗歌真正走进每个人的心里。

王：能不能谈谈您的爱人、家庭对您的诗歌创作支持的情况？

圣：在我的诗歌生涯里，如果没有夫人方彩香和家人的鼎力支持，要取得这样的成果几乎是不可能的。1949年3月，我离开浙江大学，瞒着家里人，投奔了浙东游击纵队金萧支队。大军渡江以后，我爱人喜出望外地享受到光荣军属的特殊照顾，让她到附近小学里正式教书。过了一年，组织上又把她调到军分区所在地附近当小学老师，解决了长期分居的痛苦。在这以后的半个世纪里，抚养五个孩子的大部分重担，都由我爱人一肩挑着。

在这格外令人难忘的半个世纪里，我受到了两次较大的冲击，一次是"胡风案"的审查，一次是"文化大革命"，彩香都十分平静地挺过来了。因为她毫不怀疑我，相信我是一个好人，一个对人民、对孩子有爱心的人，总会有一天，组织上会对我作出公正的评论。

我的老伴，一直是个闲不住的人，在小学里，她的大部分课余时间是在搞家访。一个新学期开始了，她就往每个学生的家里跑，把学生的家庭情况了解得清清楚楚。她也喜欢学生到家里聊聊天，以便上课的时候，更能够有的放矢。她喜欢校长能派她去抓乱班，再乱的班级，经她做了大量的思想工作，一个学期以后，马上给她料理得服服帖帖。"文革"前，她曾被光荣地评为上海市的"三八红旗手。"

我们搬到曹杨街道的时候，她已经退休了，可她做楼组的妇女代表工作，似乎比当教师还要忙，楼道里不管大事小事，她都要关心，有求必应。她对儿孙们更是疼爱有加，严格教育，帮助子女把第三代养育成人。每当家中有孩子出生，我都要以他们为原型，创作一部儿童诗集。我觉得，孩子在日常生活中所表现出来的天真烂漫，就是我写诗的最好素材来源，他们用自然而然的行动，支持着我的儿童诗创作。而彩香则督促指导每一个孩子用诗的语言认真写下自己的成长日记。整个家庭在她的操劳关爱下，和和睦睦，诗意盎然，还曾得到过一张上海市"五好家庭"的奖状。

她是个闲不住的人，跟随小女儿搬到黎金苑新居后感到寂寞了，天天都在想念种德桥路楼上楼下的那些老邻居。都怪我的疏忽，没有抓紧时间带她回去，多看看那些朝夕相处的老邻居，这是我对她的一份难以弥补的歉疚。2003年8月底，她因病突然离开了我们。到了天国以后，希望她能找到融洽无间的新邻居。

我一生写了上万首诗，出了好几十种书。年过八十以后，还能每个星期都往小学跑，为小学生的诗化作文教育尽一份自己的力。我曾经对人家说：在我写出的每一行小诗里，都有我老伴方彩香的一份功劳。她始终是我作品的第一位忠实的读者和不讲任何代价的事业的支持者。我大部分作品的初稿，她都提出过修改意见，很多我自己没注意的问题，她从教书育人的角度，经常能点评得清清楚楚，因此我在审阅《小朋友》清样时，常常请她把第一道关。

有一回，彩香在一位老朋友面前这样说起我："他不会烧小菜，他不会买东西，他不会洗衣服，不会缝掉下的一粒纽扣，更不会在商场里讨价还价，除了一天到晚给孩子写回信，给孩子们改诗，除了一起床就拿起一支笔写诗，别的，他什么都不会。"是的，除了写诗，我什么也不会，因为在家里，所有我该做的事，我应该关心的事，全部由我的老伴包办了。我们相遇后，我被爱着，我被关心着，我们相爱一生，从来不曾吵过一句嘴。到哪里去找，这样不曾吵过一句嘴的婚姻呢？……

两个多小时的采访已接近尾声，让我感到惊讶的是，已将近95岁高龄的圣野先生没有一丝倦意，还要跟我讨论当下儿童诗创作中的一些新问题，我连忙请他又坐回到客厅的窗台前看外面的风景。

已是夕阳西下的黄昏了，忽然我发现他的眼光兴致勃勃地在苏州河的河面上搜寻着什么。"又在惦记着水中的小鱼了吧？"我猜问道。圣野先生笑了笑，然后用吟诗的语调回答说："不用惦记，太阳妈妈已经在河里与它们欢聚在一起了！"

我又一次地被感动了。这就是无时无刻都洋溢着童诗味的圣野，他和所有从事儿童诗创作的作家一起，用自己的作品，像太阳妈妈那样，抚育着一代又一代祖国的孩子……

附 录

  我童年时，虽然没有写过诗，但是我天天阅读的童年，就是一部永远也写不完，永远使我神往的伟大史诗。

  我把一生献给了诗，而一首首莞尔微笑的小诗，便是我所赖以生存的土地给我的丰厚酬报。

——圣　野

从艺大事记

1922 年
2月16日（阴历年初九）寅时出生于浙江东阳县李宅镇神坛街一农家，取名周大鹿。兄弟六人，他最小。父周正坦又名正莪，字菁莆。母马闺玉。家以租田为主，另开一小南货店。

1927 年
二哥周大麟，在沪织绸，因服侍患传染病的工人兄弟而得病，死于回家的路上。其事迹记于《外婆的红山楂》之《二哥之死》一文中。

1928 年
先入私塾，后改读李宅小学，读完初小四年级。

1932 年
迁居东阳大田头祖宅。读了半年维风小学，又改读紫溪小学，这是邵飘萍烈士的出生地，现已改名飘萍小学。

1938 年
公费考入金华中学初中部，初中部在方山岭。为避日寇飞机轰炸，校址暂迁金华乡下。
参加多次全校作文大赛，均名列前茅。

1940 年
参加《战时中学生》以《故乡》为题的征文比赛，获初中组第一名。奖品是评委吕漠野先生写的诗集《燕子》。
年底，初中毕业。

1941 年
春季，在汤溪瀺洲金教小学补习班。与半工半读学生方彩香相爱，于暑假期间订婚。

秋季，公费考入金华中学高中部，与胡谱承共组蒲风诗社，主编《蒲风》油印诗刊。

1942 年
《前线日报》的《学习园地》上刊出处女作《怅惘》，以所得稿费购买了萧红的《呼兰河传》，当作诗小说诵读。

1943 年
在通讯中结识了青年诗人畸田，寄来艾青的许多代表作，使圣野大开眼界，创作中篇小说《小狗的天堂》。

1944 年
春天，回东阳老家与方彩香成亲，结为终身伴侣。
鲁兵来金竹看姨母，和圣野合编《岑风》别刊。
创作了诗体童话《讨火的人》。

1945 年
10 月，有了第一个孩子方方。
与鲁兵一同就读浙江大学师范学院英语系，续编油印诗刊《岑风》别刊，徐朔方、金津加入写稿。
年底参加明湖社，负责《明湖》文艺墙报，担任《大众日报》《力行日报》通讯员，发表多则浙大通讯和诗作《粗糙了的手》《失眠的夜》等。

1946 年
与《中国儿童时报》发生联系，发表诗作《孩子们的歌》及《冰儿哥哥》等。
秋天，离开外西湖移读大学路，参加浙大戏剧文学讨论班，参与编辑文艺墙报《长绿树》，给《金中学生》写《大团圆后的浙大》等。

1947 年
春天，开始在《中国儿童时报》发表《小我集》，开始在上海《新民报晚》副刊《夜光杯》发表诗和散文诗。
7 月起，由石云子接编《中国儿童时报》，受聘当了该报义务编辑，主编了《天行报》的《原野诗辑》。

8月，以旗社名义出版第一本诗集《啄木鸟》。
冬天，在白色恐怖中避居临安，创作了一批以小妹妹为主角的幼儿童话诗。

1948年
为"小草丛刊"编选了第一本儿童诗选集《小母亲》。
出版了第一本童话诗集《小灯笼》。
在青岛出版了诗集《列车》，由黄耘、田地任责任编辑。

1949年
3月，离开杭州，参加浙东游击纵队金萧支队，改名周大康。
在支队短训班，经过短期的学习，去金萧报社编辑《群众报》，有一些反映部队生活的小诗，用大兵笔名，在《金萧》副刊上刊出。杭州解放后，分配在浙江临安军分区文工队任编剧，不久又调到宣传科搞文教宣传工作。

1950年
由中国儿童书店出版建国后第一本儿歌集《灯花开》。

1955年
3月，诗集《欢迎小雨点》由少年儿童出版社出版。

1956年
《欢迎小雨点》获浙江军区业余文艺创作一等奖，其中的《捉迷藏》《欢迎小雨点》等诗，得到过陈伯吹先生的"叹观止矣"的热情评价。

1957年
7月，转业到少年儿童出版社，在《少年文艺》编过一期诗专号，曾任《儿童文学研究》内刊的责任编辑。

1958年
1月，从鲁兵手中接编《小朋友》。
7月，出版儿童诗集《明天的农村》。
8月，出版《咯咯咯》。

1958 年

冬天，圣野到河南组稿，专程采访了毛主席参观过的新乡七里营幼儿园，写下了《欢迎毛主席》的亲情小故事，请著名画家程十发画了十分精美的连环画册，初版印 20 万册，曾多次重印。

1959 年

12 月，与吴少山合著的诗集《小哨兵》出版。有一组诗入选冰心主编的《儿童文学选》。

1960 年

3 月，出版《布娃娃过桥》，同月，出版《排排坐》，印数均高达 10 万册以上。

1961 年

7 月 22 日，在《人民日报》上发表童话诗《夏天》，并选入《给少年们的诗》。

12 月，出版了《小小杂技团》。

少年儿童出版社里成立兴趣小组，与水飞等合作，在上海市少年宫举办了诗画廊，以活跃少年儿童的课余生活。

1962 年

3 月，出版《和太阳比一比》。

10 月，出版《妈妈故事多》。

10 月，参加中国作家协会上海分会。

1963 年

少年宫诗画廊受批判，说搞自由化。

1964 年

到川沙农村参加"四清"运动。

1965 年

回到少年儿童出版社编《小朋友》。

1966 年

《小朋友》出到 1966 年第 6 期，因"文化大革命"被迫停刊。

圣野也被先后下放到奉贤"五七干校"和上海第十五制药厂接受再教育。后来，调译文出版社负责了近一年的资料组工作。

1976 年

3 月，赴吉林参加知青慰问团，慰问在安图县的上海知青。

1977 年

3 月，回少年儿童出版社，筹备复刊《小朋友》，赴北京等地组稿。

1978 年

1 月，停刊 11 年的《小朋友》复刊，仍负责主编《小朋友》。

9 月，参加在庐山召开的全国少年儿童读物出版工作座谈会，会议为少年宫诗画廊在运动中的挨批平了反。整理儿童诗座谈会纪要刊于《儿童文学研究》。

1979 年

组诗《春娃娃》获全国第二届儿童文学评奖创作二等奖。

9 月，加入中国作家协会。

1980 年

3 月，出版《神奇的窗子》。

4 月，出版《瓜果谣》。

年底，参加中国民间文艺家协会研究会。

1981 年

《瓜果谣》获 1980—1981 全国优秀读物奖。

11 月，《竹林奇遇》出版，《美洲华侨日报》刊出王二八麻评价《神奇的窗子》的文章《好诗一首》。

苏联出版中国当代文学专号，选入《竹林奇遇》一诗。

12 月，四川少年儿童出版社出版了《爱唱歌的鸟》。

1982年

2月，与老诗人王辛笛、丁景唐一同拜访巴金先生，巴金先生赠送给圣野一本由他翻译的圣野最心爱的书——王尔德的《快乐王子集》。

1982年

与曹辛之、鲁兵合编的《黎明的呼唤》，由四川人民出版社出版，公刘作序，曾卓在《诗刊》写评。

1983年

1月，出版了《小柳树和小樱桃》。

11月，出版了《诗的散步》，这是作者第一本以诗谈诗的诗话集。《妈妈的耳朵》获《北京日报》社"小苗"荣誉奖。

1984年

2月，湖南少儿出版社出版《胖娃娃和布娃娃》，少年儿童出版社出版《李小多》，中国少年儿童出版社出版《会叫的鞋子》。

12月，参加中国散文诗协会。

1985年

3月，宁夏人民出版社出版《写在早晨的诗》。

1986年

1月，办了离休手续，仍在社内协助工作。

3月，与鲁兵合编的《中国儿童时报》新中国成立前三年作品选《小花开在黎明前》在杭州出版。

11月，《雷公公和啄木鸟》出版，柯岩写了长篇序言《居住在地的深处》，唐湜在《文艺报》上写了《圣野的心井》的评价文章。

12月，新蕾出版社出版《犁犁的故事》。《太阳红旗》获全国少年儿童歌词征集一等奖，《诚实的小树》获《好儿童》首届新芽奖，《一粒响当当的铜碗豆》获《中学生》《语文导报》联合征文"小天使铜像奖"。

1987年

5月，编辑出版《我和〈小朋友〉》，写了《种花人手记》，刊于《人民日报》以庆贺《小朋友》创刊六十五周年。11月，天津出版《金龟子想妈妈》，海豚出版社用五种文字出版了《凌凌的故事》外文版。

1988 年
11月，补评上副编审高级职称。
12月，河北少年儿童出版社出版儿童散文诗集《银亮的大树》。
《诗的散步》获全国儿童文学评论优秀作品奖。

1989 年
1月，重庆出版圣野儿歌精选集《大老虎》。
10月，海燕出版社出版《儿童诗十家》，由樊发稼评介了圣野的诗。

1990 年
8月，中国文学出版社出版了"三月丛书"，其中有圣野的诗集《不睡觉的火车头》。
9月，重庆出版社由圣野、鲁兵合编的《幼儿文学的创作和加工》《银亮的大树》获全国儿童读物评奖三等奖，歌词《我们是祖国的小树》获上海市队列歌曲优秀作品奖。

1991 年
1月，出版《眨眼睛》。
7月起，负责选编《小朋友》七十年珍贵史料《长长的列车》。
12月，出版了《诗的美学自由谈》，这是华东师大出版社"真、善、美"丛书中的一种。《挤挤城和宽宽街》获第九届陈伯吹儿童文学奖，《火凤凰》获《少年报》小百花奖。

1992 年
1月，人民教育出版社出版了《娃娃的书》四种：《甜甜的梦》、《镜子里的小调皮》《绿色的"老母鸡"》《小霖想妈妈》。
4月，庆祝《小朋友》创刊七十周年，出版了《长长的列车》。
4月，"骆驼丛书"之一《圣野诗选》由少年儿童出版社出版。

1993年

3月，安徽少年儿童出版社出版《湖上灯会》，是《中国著名作家幼儿文学作品选》中的一种。

5月，四川文艺出版社出版《中国当代诗人传略——当代诗人》第4卷，选入圣野自选诗20首，附小传。

1994年

3月，台北童年书店出版了《小河唱歌我读书》。

9月，天津出版了《孙悟空畅游新上海》。

1995年

任《儿童诗》编委、顾问，恢复停刊了12年的《儿童诗》。复刊后第一期为《希望号》。

受聘担任了《诗之国》的编审委员。

10月，台北儿童书店出版了《挤挤城和宽宽街》。

《太阳神》获《少年报》小百花奖。

1996年

1月，希望出版社出版了《圣野儿歌》。汉语大辞典出版社出版了由圣野主编的《彩图咪咪儿童歌谣词典》。

5月，上海辞书出版社出版了由圣野、水飞点评的《生肖系列儿歌大赛全国获奖儿歌集（1985～1995）》。

10月24日，上海作协与少年儿童出版社联合举办"圣野从事儿童文学创作50周年研讨会"，全国各地纷纷发来贺信，郭风先生的贺词为"毕生为孩子写作，精神子孙满天下"。孙毅作总结性发言说："圣野的诗，是爱的诗，是情的诗，是心的诗，是精神的诗。"

11月，荣获《北京日报》副刊《小苗》创刊十五周年好园丁奖，冰心题字"小苗好园丁"。

1996年

12月，圣野为"20世纪中国儿童文学系列"之一《百年诗歌精品》写序，题为《一部催人振奋使人清醒的教科书》，该书由上海社会科学院出版社出版。

1997 年

3 月，与金波、樊发稼、李少白在湖南合出了《儿童诗》，各收入诗十二首。

7 月，上海教育出版社出版了童年小散文丛书六种，其中有圣野的《外婆的红山楂》。

同年，四川少年儿童出版社的婴幼儿家庭教育丛书出版了圣野的儿歌两册、故事两册。

9 月，为晨光出版社主编了《彩图幼读儿歌一百首》。

12 月，为上海教育出版社主编出版了《中国当代儿歌精品》。

12 月，诗集《小雪人的红鼻子》收入了上海教育出版社的《小学生文库》。

1998 年

1 月，荣获由上海民间文艺家协会和上海市作家协会联合颁发的"从事儿歌创作 60 年光明奖"及"1986～1997 年全国生肖系列儿歌大赛园丁奖"。

4 月，汉语大词典出版社出版了由圣野与宗二兵合编的《咪咪童话辞典》。

6 月，获台湾小白屋幼儿诗奖第四届荣誉奖。

年底，百家出版社出版了圣野的军旅诗集《金萧情》。

1999 年

6 月，微型诗 800 首《芝麻开门》由国际文化出版社出版。

7 月，主编出版了"光明火炬"儿童丛书四种，收入圣野的《跨世纪的问候》。"光明火炬"儿童丛书四种，包括上海卷、杭州卷、金华卷、宁海卷，圣野对每首诗作了点评，由黑龙江少儿社出版。

7 月，浙江少儿社出版圣野选评的《儿歌诵读》。

8 月，与黄亦波参与主持在浙江宁海召开的全国第二届小诗人夏令营，中央电视台播出了大会的盛况，浙江台为圣野拍摄专题片在重阳节播出。

8 月，穆仁主编的《微型诗 500 首点评》，由重庆出版社出版，选入圣野诗 10 首。

2000 年

2 月，上海教育出版社出版了圣野的幼儿散文集《爱哭的小老虎》。

6 月，与女儿晓波、外孙天天由文汇出版社合出《三代人的梦》。

10 月，参加全国第二届儿童诗人的大聚会——太行诗会。

9 月、12 月，圣野两次回家乡，做诗的播种工作，筹划出版儿童诗丛。

2001 年

5 月,《孩子的世界(组诗)》刊于《诗刊》5 月号,并入选由中国作协选编的《2001 中国年度最佳儿童文学》。

8 月,在无锡善卷洞风景区参与全国第三届小诗人夏令营,并评了奖。圣野与金波作了专题讲座。

2002 年

5 月,与任溶溶、孙毅同获《少年文艺》杰出贡献奖。

2003 年

1 月,吴珹主编的《中国儿歌——当代卷》选入圣野儿歌 43 首,由河北少年儿童出版社出版。

4 月 19 日,由少年儿童出版社、上海市文学艺术界联合会等联合举办圣野从事儿童诗歌创作 60 周年研讨会。任溶溶等老作家在会上作了激情洋溢的发言,给予了高度评价。

《开心娃娃儿歌》由安徽少儿出版社出版。

8 月,在少年儿童出版社举办第四届小诗人夏令营入营式,到佘山营地开展赛诗评奖。

8 月底,圣野老伴方彩香病逝。

11 月 11 日,创办《诗迷报》,圣野把《诗迷报》作为将相伴终生的第二个老伴。

12 月 18 日,在上海市少年宫举行 120 多人参加的诗人集会,迎接上海儿童诗的春天。

2004 年

《中国儿童诗》筹出上海儿童诗人专辑,写作《申江童诗园画谱》为 58 位作者写了诗,推出上海绿色方阵。写出《稻花香里忆童年》诗稿,以迎接中国儿童诗的春天。

2005 年

圣野用诗为十七位中国著名儿童诗人写了《童诗园画谱》,先后刊于台湾的《少年文艺家》和《儿童文学信息报》《小学生学习报》。

6 月,由希望出版社出版,蒋风先生主编的《幼儿文学概论》,选入圣野的《谈幼儿诗》专章共三节。

8月,由柯岩、胡茄主编,作家出版社出版的《中国新诗选》下卷中,选入了圣野的诗《感情,什么颜色》,这首诗亦被选入由王辛笛、王圣思主编的《中国二十世纪新诗大辞典》及由林呐、雁翼、张志民主编的《当代短诗选》中。

2006 年

11月30日,《文艺报》刊出了张铁苏写的《点灯人圣野》,介绍他长期在家中编印《诗迷报》的历程。

韩国出版了第一本《中国儿童诗选》,收入了圣野的诗《欢迎小雨点》。这首诗也入选于澳门出版的语文教科书。

12月,圣野重新编选的创作诗集《欢迎小雨点》一书入选湖北少年儿童出版社《百年百部中国少年儿童文学经典书系》第三辑。书中刊有唐湜、金波的评介文章。

2007 年

2月,与张铁苏合编的《八荣八耻儿歌精选》由少年儿童出版社出版。

5月,应邀去徐州参加著名儿童诗人与徐州小诗人的座谈会。

7月,被邀参加由《小学生世界报》主办的第八届全国小诗人夏令营。

2008 年

6月,圣野选编的《奥运新儿歌》由浙江少年儿童出版社出版。同时,他还选编了一部以残奥会为主题的诗集《太阳鸟》,其中部分诗作已在报刊上陆续刊出。

10月,由少年儿童出版社出版,高洪波主编的《改革开放三十年的中国儿童文学》一书,选入圣野的《神奇的窗子》。

12月,圣野选编的由浙江少年儿童出版社出版的《大爱颂——献给抗震救灾的诗》一书,获第二届中华优秀出版物奖——抗震救灾特别奖。

2009 年

4月,由广东南方分级阅读文化传播有限公司出品的儿歌集《啊唔一口就吃掉》,选入了圣野儿歌20首。

6月,《诗刊》刊出圣野《祖国颂》的三首诗《不睡觉的火车头》《妈妈笑了》《回家》。

6月,《中国新文学大系》第5辑由上海文艺出版社出版,选入圣野的《竹林奇遇》。

8月，圣野荣获少年儿童出版社授予的"第23届陈伯吹儿童文学奖"杰出贡献奖。《第23届陈伯吹儿童文学奖获奖作品集》一书由少年儿童出版社出版，圣野的《获奖感言》《圣野诗作选登》及金波的评论《圣野，一个诗人的梦想》、周晓波的《诗心永驻》、唐池子的《读圣野》和张铁苏的回忆文章《点灯人圣野》等在书中刊出。

8月，由上海市委宣传部、市精神文明办、市教委、团市委、市妇联等五单位联合举办的优秀儿歌童谣征集活动"小八腊子开会喽"评选揭晓，有一百首歌谣获奖，圣野的童谣《对表》及《躲猫猫》获二等奖。

8月，长江文艺出版社由李东华编选的《新中国六十年文学大系——六十年儿童文学精选》一书选入圣野的诗《夏弟弟》。

8月，继上海辞书出版社出版的《全国获奖儿歌集》之后，海南出版社又出版了《海纳百川新歌谣》，在这两本歌谣集中，圣野投入了大量的选编工作。

9月，在庆祝建国六十周年期间，圣野的诗作在多家报刊被专版刊出，《桔花》诗刊刊出《歌唱母亲河》(20首)；《金摇篮》《语文报》《少先队活动》都刊出圣野儿童诗专版；《稻香湖》刊出《燕宁苑诗草》；西安《快乐文学》刊出《早安祖国》(组诗)；四川《老年文学》刊出《祖国颂》五首；湖南《小学生导刊》刊出《妈妈的名字》，这首诗还入选上海新闻出版局为老干部选编的《祖国颂诗选》；《中国儿童文学》8月、9月、10月号和《少年文艺》10月号都刊登了圣野歌唱祖国母亲的诗作。

9月，晨光出版社出版由李东华主编的《盛世辉煌——建国六十周年中国儿童文学获奖作品选》一书选入圣野的《欢迎小雨点》《春娃娃》。

10月，《诗刊》又刊出圣野的《到母亲那里去》《伟大的日子》二首诗。

11月，由圣野任名誉社长和名誉顾问的儿童诗社——杭州市东园小学的"圣野诗社"，出版《长青树》第九辑，以庆祝建校100周年。

11月5日，《文学报》刊出诗人韦苇的文章《圣野60年，诗花一路栽过去》，祝贺圣野荣获陈伯吹儿童文学奖杰出贡献奖。

中国青年出版社出版《1949—2009优秀儿童文学作品选》，选入圣野的《神奇的窗子》。

圣野与作曲家金月苓合作整理了五十首题为《感谢摇篮》的幼儿歌曲集。

12月，圣野最完整的诗论集《圣野诗论》，由女儿晓波主编整理在重庆出版社出版。

2011年

1月，"上海老作家文丛"第二辑推出了《圣野短诗自选集》，交由上海文艺出版社出版。

5月，圣野一生的回忆录《诗缘》由女儿晓波主编整理、上海出版博物馆资助，在少年儿童出版社出版。

10月，童谣《对表》在全国第二届童诗童谣大赛中荣获一等奖。

2012年

9月，童话诗《布娃娃过桥》经修改后由贵州人民出版社再版。

11月，童谣《邮票鸟》及《中国女娃了不起》在上海市委宣传部、教委、妇联、文联等组织的"第三届上海市优秀童谣征集评选活动"中荣获"成人组三等奖"。

2013年

3月，在纪念雷锋同志的活动中，由圣野主编，鲁守华、艾以为副主编的童诗集《雷锋和我亲又亲——学雷锋童诗选》，在浙江少年儿童出版社出版。

4月，中少社《儿童文学》杂志社经读者投票评选，圣野作品被评为全国"十大魅力诗歌"，圣野也被评为《儿童文学》"2012年全国十大魅力诗人"。

10月，中国少年儿童出版社"新创儿童文学系列·书香传承"丛书选入圣野童诗集《会叫的鞋子》。

11月，童谣《喂》在上海市委宣传部、教委、妇联、文联等单位举办的"2013上海市优秀童谣征集活动"中荣获"成人组优秀奖"。

2014年

5月，由圣野主编、鲁守华为副主编的两套童诗童谣绘本版丛书"亲亲童诗""亲亲童谣"各十册，由重庆出版社推出。

2015年

1月，由金波任主编、圣野任副主编的大型中国儿歌丛书《中国儿歌大系》（共13卷）隆重推出，其中的"华东卷"（3卷）由圣野和鲁守华共同选编，圣野任主编，鲁守华任副主编。

3月，童谣《对表》在由江苏省少年儿童文化艺术促进会颁发的"童声里的中国"主题创研活动中，入选《核心价值观沐浴我成长·新童谣精品集》并颁发荣誉证书。

8月，散文丛书"童年的故乡"由中国少年儿童出版社出版，其中的《妈妈的叫声》为圣野所著。该丛书的主编为圣野，副主编鲁守华。

后　记

　　三十八年前,当我还是一个师范生的时候,一天,担任儿童文学课程教学的著名儿童文学作家、教育家程逸汝老师请来了《小朋友》杂志的主编圣野先生给我们作儿童诗创作讲座。圣野先生身穿浅灰色的中山装,个子不高的他,说起话来的声音可真不小,尤其是朗诵诗歌的时候,声音里带着一种穿透力。尤其让我们感到敬佩的是,他在讲述的过程中,即使是理论部分,也都是用诗的语言来表达的。这是我第一次与真正的诗人见面,他在讲座中所表现出来的对孩子、对儿童诗的爱与理解牢牢地牵住了每个同学的心。

　　听了这场讲座以后,原本对儿童诗并不是很感兴趣的我,也开始在生活中注意观察孩子,当有了一些"童心的发现"之后,就写下一些小诗。当时儿童报刊较少,能供儿童诗发表的版面极其有限,尽管各种报刊的"稿约"里都明确写有"勿寄私人"的字样,但我还是十分大胆地把习作直接寄给了圣野先生。当然这里面有两个理由,一是圣野先生在讲座结束时曾经说过,你们有好的诗,可以寄给我。俗话说,莫把客气当福气,我当时就想这么争取一次福气。二是此前不久我刚从报上的新闻中了解到,有位幼托教师郑春华,在上海青年诗歌大赛上荣获一等奖,而发现她的伯乐就是担任评委的圣野先生。我太需要这样的伯乐了!我就是怀着这样期盼,把稿件投进邮筒的。

　　圣野先生会给我回信吗?这几首诗能在《小朋友》上得到发表机会吗?我好几次都在学校的图书馆里,对照着前几期《小朋友》上发表的童诗作品。比来比去,时而觉得自己有希望,时而觉得根本没达到发表的标准。晚上做梦,有时看到圣野先生向我咪咪笑着,说马上排版印刷;有时看到他同样也是在笑,但却是要我好好努力……

　　就这样在忐忑不安的两个星期过后,我收到了圣野先生的回信。圣野先生在信中称赞我的诗"想象富有童心""语言清新自然",并说在适当的时候给予发表。半年后,我的处女作《公园里的小诗》(组诗)发表了,看着诗旁自己的署名,我心里突然感到有一种未曾有过的激动。是啊,从小学二年级起就开始向报刊投稿,要么石沉大海,要么就是得到一张铅印的退稿信。从此,我就默默下定了决心,一定要在儿童诗创作上作出更大的努力。

　　我和圣野先生成了好朋友啦!他有时会约我去编辑部与我一起分析自己的稿件,还向我推荐了必读作品——郭风的诗集,而且还定期给我寄来内刊《〈小朋友〉

笔谈会》，让我的创作一点点成熟起来。1982年我创作的儿童诗《雨娃娃》发表了，圣野先生特意请了著名画家詹同配画。后来圣野先生和编辑部同仁带着《小朋友》杂志到学校征求孩子们的意见，在所有征求意见的作品里《雨娃娃》名列第一，这使我受到了很大的鼓舞。

上世纪80年代初我去日本读博，在繁忙的学业之外，我始终没有放弃儿童诗的创作，先后出版了六部诗集与译诗集，并多次在中日两国重要的文学奖中获奖。每当我在文学上取得一些成绩的时候，总免不了会情不自禁地想起圣野先生，如果没有他当年的扶植，我的文学梦的实现就有可能不那么顺利。其实这不是我一个人，凡是其他受到过他栽培的人，都有这种感受。

2009年回国后我在大学任教，在积极开展日本儿童文学译介的同时，还完成了《圣野儿童诗创作理念与实践研究》一书，对圣野先生自踏上诗坛到现在的诗歌创作、研究和诗歌普及教育作了一次全面的总结，尤其是对他童心浪漫主义的诗歌风格作了积极的肯定，引起了儿童文学理论界的关注。

2014年初，我和周晓波教授有幸接到了上海市文联"海上谈艺录"丛书编委会交予的为圣野先生撰写艺术评传的任务。为完成此次光荣而艰巨的任务，我们先后对圣野先生进行了多次采访交谈。每次采访交谈，这位已步入95高龄，目前中国资历最老、作品最多的儿童诗作家的事迹，无数次打动了我们的心。从勤学诗书的孩童，到酷爱文学的少年；从忧国忧民的青年到童心浪漫的诗人；从革命战士到为人做嫁衣的编辑；从著名童诗作家到奔走校园社区的教育名人——圣野，一个为了新中国的诞生、为了祖国的孩子、为了文学、为了诗歌，可谓是倾注了毕生精力的人！

他是五四以来，继冰心、俞平伯之后中国第二代儿童诗作家，继承和发展了儿童诗创作的童心浪漫主义风格特点，用自己对儿童心理艺术的独到理解和清新自然的语言风格，在中国现当代儿童诗创作史上留下了令人瞩目的一笔。他是一个诗歌理论家，曾用以诗论诗的方法，写下了对诗歌美学的阐释与具体的实践经验，为诗歌美学理论研究和指导青年的诗歌创作提供了学习与借鉴的读本与范例。同时，他还是一个儿童诗教育家，为普及诗歌深入到学校基层，为中小学素质教育的开展立下了汗马功劳。当然最值得歌颂的，应该是他的高尚的人格。在战争年代，他把生死置之度外，用手中的笔、心中的诗向反动统治提出挑战。在和平年月，他面对各种挫折，从来没有放弃过自己的信仰，从来不计较个人的得失，为我们在艺术上、思想上树立了实实在在的学习楷模。著名儿童诗作家、翻译家任溶溶先生曾经这样赞扬圣野："对诗的热情，世界第一！"究竟是什么原因，能让圣野对诗歌如此痴迷并不遗余力地为此奋斗至今，我们从他的从艺经历和作品里不难找到这样的答案,即:在他的心里始终怀揣着一个诗的梦想,一个爱的梦想。

王亨良

图书在版编目（CIP）数据

童心浪漫耀诗坛·圣野/王亨良，周晓波著. —上海：上海文化出版社，2017.8
（海上谈艺录）
ISBN 978-7-5535-0594-7

Ⅰ. ①童… Ⅱ. ①王…②周… Ⅲ. ①圣野－传记 Ⅳ. ①K825.6

中国版本图书馆CIP数据核字（2016）第163024号

发 行 人：冯　杰
出 版 人：姜逸青
责任编辑：张　琦
封面设计：王　伟

策　　划：上海市文学艺术界联合会　上海世纪出版集团
统　　筹：倪里勋
特约编审：倪里勋　刘绪源　司徒伟智

丛 书 名：海上谈艺录
主　　编：上海市文学艺术界联合会　上海文学艺术院
书　　名：童心浪漫耀诗坛·圣野
作　　者：王亨良　周晓波
出　　版：上海世纪出版集团　上海文化出版社
地　　址：上海市绍兴路7号　200020
发　　行：上海世纪出版股份有限公司发行中心
　　　　　上海福建中路193号　200001　www.ewen.co
印　　刷：上海天地海设计印刷有限公司
开　　本：787×1092　1/16
印　　张：10　彩插：2
版　　次：2017年9月第一版　2017年9月第一次印刷
国际书号：ISBN 978-7-5535-0594-7/K·096
定　　价：40.00元
告 读 者：如发现本书有质量问题请与印刷厂质量科联系 T：021-64366274